AF360396

COMMENTAIRE

DES

POLICES FRANÇAISES

D'ASSURANCE MARITIME

PAR

ALFRED DE COURCY

DIRECTEUR DE LA COMPAGNIE D'ASSURANCES GÉNÉRALES MARITIMES

DEUXIÈME ÉDITION

Revue et Corrigée

PARIS

AU COMITÉ DES ASSUREURS MARITIMES DE PARIS

1, RUE DU QUATRE-SEPTEMBRE, 1

& CHEZ

L. WARNIER, LIBRAIRE-ÉDITEUR

48, RUE LAFFITTE, 48

1888

COMMENTAIRE

DES

POLICES FRANÇAISES

D'ASSURANCE MARITIME

COMMENTAIRE

DES

POLICES FRANÇAISES

D'ASSURANCE MARITIME

PAR

ALFRED DE COURCY

Directeur de la Compagnie d'Assurances Générales Maritimes

PARIS

AU COMITÉ DES ASSUREURS MARITIMES DE PARIS

1, RUE DU QUATRE-SEPTEMBRE, 1

ET CHEZ

L. WARNIER, LIBRAIRE-ÉDITEUR

48, RUE LAFFITTE, 48

1888

AVERTISSEMENT

Depuis que je publiais, en 187 4, le Commentaire des Polices françaises d'assurances maritimes, les changements des choses de la navigation ont été si rapides que le texte des polices a du être plusieurs fois changé lui-même. La loi du 12 août 1885, qui a modifié plusieurs dispositions importantes du Code de Commerce, a nécessairement entraîné aussi des modifications de la police.

Mon Commentaire de 1874 est donc, sous bien des rapports, suranné.

J'en publie une nouvelle édition, consi-
dérablement modifiée, sans me dissimuler
qu'elle est destinée à devenir, par le cours
du temps, surannée à son tour.

Le Comité des assureurs maritimes de
Paris a bien voulu prendre cette publication sous ses auspices. Je dois cependant
avertir que les opinions que j'exprime et
les interprétations que je propose me sont
personnelles. Elles n'ont pas été délibérées
en Comité, elles n'engagent donc en rien
mes collègues.

Il est arrivé plusieurs fois que mon Commentaire de 1874 a été opposé aux assureurs
dans des litiges. Il a été opposé à la Compagnie même que je dirige. Je m'attends
à ce qu'il en soit de même de cette seconde
édition. Je ne saurais m'en plaindre. Des
opinions publiées appartiennent à tous et

sont du domaine de la libre discussion. D'ailleurs, les litiges s'agitent d'ordinaire sur des questions d'espèce et d'appréciation plutôt que de principe. Je n'ai pas pu prévoir toutes les hypothèses, et le champ de l'appréciation des circonstances restera constamment ouvert.

COMMENTAIRE

DES

POLICES FRANÇAISES

D'ASSURANCE MARITIME

POLICE FRANÇAISE D'ASSURANCE MARITIME
SUR CORPS DE NAVIRE

ARTICLE PREMIER

Sont aux risques des assureurs les dommages et pertes qui arrivent au navire assuré par tempête, naufrage, échouement, abordage, changement forcé de route ou de voyage, jet, feu, explosion, pillage, piraterie et baraterie, et généralement tous accidents et fortunes de mer.

1

—

ARTICLE 2

Les risques de guerre, civile ou étrangère, ne sont à la charge des assureurs qu'autant qu'il y a convention expresse. Dans ce cas, les assureurs répondent des dommages et pertes provenant de guerre, hostilités, représailles, arrêts, captures et molestations de gouvernements quelconques, amis ou ennemis, reconnus ou non reconnus, et généralement de tous accidents et fortunes de guerre.

Les articles 1 et 2 demandent à être commentés ensemble et pour ainsi dire l'un par l'autre. Ils expriment aussi nettement que l'ont pu faire les rédacteurs la distinction entre les risques de mer et les risques de guerre.

Les anciennes législations les confondaient et aujourd'hui encore l'article 35o du Code de Commerce les confond dans la garantie des assureurs. L'état de guerre entre les nations maritimes était chose si habituelle ou au moins si fréquente que le danger des captures entrait aussi dans les préoccupations habituelles du Commerce. Même en temps de paix, on avait, sur la Méditerranée, la crainte des captures des corsaires Barbaresques.

Depuis 1815, ou depuis plus de soixante-dix ans, l'état de guerre a été la rare et courte exception. La guerre qui serait la plus menaçante pour le commerce français, une guerre entre la France et l'Angleterre, n'a pas éclaté une seule fois. Depuis la conquête d'Alger, ou près de soixante ans, la piraterie des Barbaresques a été détruite. Les affaires d'assurances maritimes se traitent manifestement en dehors de toute préoccupation du risque de capture. Les primes débattues par la concurrence ne renferment pas la plus minime expression de ce risque. Pourtant la menace de guerre subsiste toujours, et les complications de la politique en ont souvent fait naître l'appréhension. Une guerre maritime qui éclaterait tout à coup, surtout une guerre avec l'Angleterre, serait une perturbation où pourrait s'engloutir, si ces risques n'étaient pas exceptés, le crédit de tous les assureurs français.

Je fais observer en outre que l'assurance des navires est souscrite d'ordinaire pour une année de navigation, avec des prolongations éventuelles; que les assurances des marchandises se traitent elles-mêmes par des polices d'abonnement pour une ou plusieurs années; que tout cela s'enchevêtre de traités de réassurance prévoyant les excédents de plein. Ces traités de réassurance sont très souvent faits à l'étranger, et il est de droit public que l'assurance ne peut pas garantir les risques d'hostilités contre le pavillon de la nation à laquelle appartient l'assureur. La garantie des risques de guerre ne présenterait aucune sécurité ni pour les assureurs ni pour les assurés, lesquels n'y trouveraient qu'une garantie illusoire.

Il n'est donc pas seulement prudent, il est juste, et en quelque sorte d'ordre public, que la garantie des risques de guerre soit réservée à la convention expresse qui pourra faire l'appréciation des pavillons et des circonstances, modérer les pleins et proportionner la prime au risque. Il n'est pas juste, et il n'est pas bon pour les assurés, que les assureurs s'exposent à des désastres, à la ruine, à la faillite, en couvrant des risques pour lesquels ils ne reçoivent aucune prime.

Ces considérations ont été assez puissantes pour s'imposer aux législateurs modernes. Dans les pays où il y a des Codes de Commerce de date récente, en Allemagne, en Italie, en Belgique, la loi exprime à peu près ce qu'exprime l'article 2 des polices françaises. Il en était de même dans le projet de révision du Livre II du Code de Commerce, élaboré par la Commission de 1865. Il y a eu sur ce point un accord unanime de tous les esprits réfléchis.

Il est à remarquer que l'article 1er range nommément parmi les risques assurés, en dehors de la convention expresse, le feu, le pillage et la piraterie. Ce pourra être matière à litige. Les révolutions, les mouvements insurrectionnels, les guerres civiles présentent des circonstances très variées. L'incendie et le pillage des navires ou des magasins ne sont-ils pas souvent des faits de guerre civile ? La piraterie estelle toujours bien distincte de la course? Les Barbaresques étaient-ils des pirates ou des corsaires?

Afin de prévenir des litiges, il avait été proposé de définir dans l'article 1ᵉʳ *la piraterie* qui est assurée de plein droit. On a reculé devant les difficultés et l'inutilité de l'entreprise. L'intention des rédacteurs est suffisamment manifestée par l'article 2, qui généralise l'exception de tous les risques de guerre, en y comprenant les molestations de gouvernements quelconques, reconnus ou non reconnus. La piraterie assurée demeure donc le fait personnel et criminel d'hommes de rapine qui ne sont pas des belligérants. Ainsi du pillage. S'il y a des doutes, ces doutes existeront aussi pour la diplomatie, qui a ses problèmes à résoudre.

Pendant la longue insurrection de Carthagène, on se demanda si les déprédations ou molestations commises par les navires de la ville insurgée seraient réputées, à l'encontre des assureurs, des faits de piraterie. La négative ne me semblait pas douteuse. C'étaient des faits *de guerre civile*, ou des fortunes de guerre. On en avait la preuve par l'attitude des neutres. Des bâtiments de guerre de toutes les nations assistaient aux événements sans y intervenir. Après la reddition de la ville, une frégate de l'insurrection, la *Numancia*, put s'échapper et se réfugier à Oran. Les fugitifs y furent désarmés, internés, traités comme des belligérants, non châtiés comme des pirates.

Je citais cet exemple alors récent, déjà oublié, dans la première édition du présent commentaire. J'aurais pu citer celui de la guerre de la Sécession. Apparemment, c'était bien une guerre, déployant de part et d'autres d'immenses efforts. Sur mer il y

eut peu de luttes, mais deux corsaires de la
confédération du sud, l'*Alabama* et le *Flo
rida*, sillonnaient l'Atlantique et suffisaient
à frapper de terreur tout le commerce qui se
faisait sous le pavillon du nord. Un grand
nombre de navires furent capturés et incen-
diés. En outre, les ports du sud étant bloqués, des entreprises se formaient pour les
ravitailler en forçant, la nuit, le blocus.
C'étaient, bien incontestablement, des faits
et des risques de guerre. Cela n'a pas été
contesté et l'opinion a presque glorifié le
hardi capitaine de l'*Alabama*. Personne
n'a vu en lui un pirate.

J'ai à citer aujourd'hui de nouveaux
exemples. Les discordes civiles sont très
fréquentes dans les républiques qui com-
posent la fédération des Etats-Unis de
Colombie ou la Nouvelle Grenade. Le
grand fleuve de la Madeleine est parcouru
par des flottilles de bateaux à vapeur, sou-

vent assurés en France. Il arrive qu'un corps armé ou un gouvernement improvisé s'empare d'un ou de plusieurs navires dont il interrompt le service commercial, les emploie à des transports de troupes et de munitions de guerre, ou exerce d'autres violences. Ce sont bien des risques et des faits de guerre. On a essayé de le contester. Le tribunal de commerce de la Seine et la Cour d'appel de Paris ont reconnu que c'étaient des faits de guerre.

Il y a eu plus. Au mois de mars 1885, des bandes insurgées se sont emparées de la ville de Colon et ont mis le feu aux magasins où étaient en transit de très grandes quantités de marchandises, allant d'Europe dans les mers du sud ou réciproquement. Beaucoup de ces marchandises étaient assurées en France, sans la garantie des risques de guerre. Les assurés ont voulu plaider, s'appuyant sur un mot : le

feu. Le feu n'est-il pas un des risques couverts par l'article 1ᵉʳ ? Les tribunaux, tant
à Bordeaux qu'à Paris, ont fait justice de
la prétention, en constatant que l'incendie
n'avait été qu'une manifestation de guerre
civile.

Parlerai-je de nos expéditions au Tonkin ? On se souvient des euphémismes et
des équivoques que des politiciens débitaient à la tribune, pour établir que nous
n'étions pas en guerre avec la Chine alors
que l'amiral Courbet bombardait les ports
et détruisait les vaisseaux chinois. Nous
étions si bien en guerre qu'il a fallu un
traité de pacification pour faire cesser les
hostilités. Si, pendant qu'elles étaient engagées, des navires chinois avaient détruit
des navires du commerce français, ceux-ci
auraient bien péri par un risque de guerre
et je ne pense pas que les tribunaux eussent été touchés des équivoques de la tri-

bune. Si le même fait se produisait aujour-
d'hui, ce serait de la piraterie, garantie par
l'article 1er de la police. J'en dis autant des
pillages auxquels se livrent assez souvent
des noirs de la côte d'Afrique ou des insu-
laires, lorsqu'ils envahissent un navire
échoué ou l'attaquent en mer de vive force.
Voilà le pillage, voilà la piraterie dont les
assureurs sont toujours responsables. Lorsqu'il y aura discussion et litige, la meilleure
règle de décision sera de supposer qu'il y
ait deux polices, l'une garantissant les risques ordinaires de mer, ceux de l'article 1er,
l'autre les risques extraordinaires de guerre,
ceux de l'article 2, et de se demander laquelle
des polices est atteinte. Si l'esprit conserve
un doute, ce devra être matière à transaction.

Les textes comparés des articles 1er et 2
peuvent donner à résoudre des questions
plus délicates. Les deux ordres de causes

concourent parfois à la perte d'un navire.
Ainsi, un navire, menacé par une fortune
de guerre, rétrograde, change ou précipite
sa route pour se soustraire au danger, et
fait naufrage. Il périt par une fortune de
mer, conséquence d'une fortune de guerre.
Que faudra-t-il décider à l'égard des assureurs des risques de mer?

Pour les assurés, on invoquera la lettre
de l'article 1er. Les pertes qui arrivent par
naufrage et par *changement forcé de
route* sont expressément, dira-t-on, aux
risques des assureurs. Il n'y a pas de
changement forcé de route mieux justifié
que celui qui a eu lieu. Le *naufrage* est
pareillement certain. Donc la perte est à
la charge des assureurs.

Pour les assureurs, on répondra qu'aux
termes de l'article 2, les pertes qui *proviennent* de guerre sont exceptées de leur
garantie, et l'on soutiendra que le change-

ment de route, et par suite le naufrage, sont *provenus* d'un fait de guerre.

Je crois que ce seront là des questions d'espèce qu'il serait téméraire de vouloir résoudre à l'avance d'une manière générale, mais dont la solution sera facilitée par l'application des principes généraux du droit, et notamment de ceux de *la preuve*.

L'assuré, qui est demandeur, fait la preuve qui est à sa charge, celle du naufrage. L'assureur, qui oppose une exception, doit à son tour prouver que l'événement rentre dans l'exception et que la perte a été la conséquence *nécessaire* d'un fait de guerre. Or, il ne suffit pas pour cela que le capitaine ait fui une menace de guerre comme il en avait le droit et le devoir.

Si le navire, poursuivi par un croiseur et, dans la poursuite même, n'ayant plus la liberté de ses mouvements, ne pouvant pas prendre l'assistance d'un pilote ni éviter les écueils, est jeté sur un récif; à plus forte raison, si le capitaine le jette volontairement à la côte, le naufrage *proviendra* bien évidemment d'un fait de guerre et l'assureur sera fondé à opposer l'exception. Je n'aperçois guère de différence, par rapport à l'assurance, entre un tel événement et la capture.

Mais si le navire, non poursuivi ou ayant échappé à la poursuite, continue de naviguer à la recherche d'un port dans les conditions normales de la navigation et vient à se perdre, je n'hésite pas à dire que ce sera un accident *nouveau* et fortuit, une fortune de mer que les assureurs devront accepter à leurs risques, sans avoir le droit de remonter à la cause première du changement de route et de soutenir que le naufrage est *provenu* d'un fait de guerre. Il est clair, en effet, que le navire, non détourné de sa route, pouvait rencontrer un ouragan ou un écueil, et se perdre sous la garantie incontestable des assureurs. Il aurait été possible que, détourné de sa route par le fait de guerre, il eût évité l'ouragan ou l'écueil, qu'il eût été préservé du naufrage précisément par ce changement forcé de route. Le fait de guerre n'est donc pas une cause justifiée du naufrage, qui demeure un évènement fortuit et une fortune de mer à la charge des assureurs.

Cette distinction ne me paraît pas seulement juridique. Elle est imposée par les nécessités de l'industrie des assurances, conséquemment elle ne peut qu'être conforme à la pensée des assureurs. Il est certain que l'état de guerre modifie profondément les risques maritimes, de plusieurs manières et presque toujours pour les aggraver. Des ports de refuge qui étaient ouverts se trouvent fermés, des phares sont

éteints, même à l'insu des navigateurs, des
pilotes qu'ils s'attendaient à rencontrer
sont absents. Ce n'est pas tout. Les maté-
riaux de réparations manquent ou sont hors
de prix, le change éprouve des fluctuations
énormes, le crédit se resserre, les prêts à
la grosse deviennent impossibles ou rui-
neux. Si les assureurs continuent leur trafic, il faut bien qu'ils acceptent ces éventualités ; ils ont seulement le droit d'augmenter en conséquence le taux de leurs primes, comme les armateurs augmenteront
le taux de leurs frets, comme s'élèvera le
cours des marchandises. Mais ce serait une
prétention inadmissible que de rechercher,
dans chaque événement, la cause initiale
pour la rapporter à l'état de guerre ; de
dire, par exemple, que tel navire a péri ou
a été délaissé, parce que la guerre avait
éteint un phare ou fermé un port de refuge,
parce que la guerre avait détruit le crédit

ou démesurément enflé le prix des maté-
riaux, parce que la guerre n'a pas permis
d'apporter des secours au navire en détresse. Il n'y aurait pas un seul réglement
qui ne pût donner prise aux objections de
ce genre, et l'assurance serait complètement illusoire.

Les assureurs se mettent à l'abri de la
ruine en exceptant de leur garantie les
captures et destructions violentes directement causées par la guerre ; cela est légitime, et cela est d'ailleurs la convention.
Mais quant aux risques maritimes, nonobstant les aggravations résultant de l'état de
guerre, il faut de toute nécessité, à peine
de chômage et d'interruption de trafic,
qu'ils continuent d'être à la charge des
assureurs.

Pendant la guerre de Crimée, il s'est
produit un fait, tristement curieux, qui a
été le renversement de l'hypothèse que je

viens d'examiner. Un navire de Fécamp, *l'Iris*, était affrété par l'Administration, avec garantie des risques de guerre, pour le transport des vivres et munitions. Il était garanti contre les risques maritimes, avec exception des risques de guerre, par une Compagnie d'assurances. Il se rendait de Kamiesch à Varna, lorsqu'un ouragan le poussa dans la baie de Sébastopol. Ce port eût été un refuge assuré, mais ce n'était pas un port hospitalier. Le navire y aurait trouvé la dureté du droit de la guerre. Il eût été capturé, les hommes auraient été des prisonniers. D'après la violence et la direction du vent, le capitaine désespérait d'atteindre un autre abri. Une frégate française à vapeur était en vue; l'équipage s'y réfugia, laissant le navire à l'ancre. Dans la nuit, le navire abandonné alla s'échouer près de l'entrée du port, où il fut brûlé par les Russes.

Voilà un fait bien complexe. La perte était complète.

L'armateur en demanda d'abord la réparation à ses assureurs maritimes, en se fondant sur l'ouragan, cause première de la perte. Un jugement du tribunal de commerce, confirmé par un arrêt de la Cour de Rouen, repoussa la demande. L'arrêt établissait que la tempête avait seulement mis le navire en péril, mais que la perte consommée était certainement un risque nouveau et une fortune de guerre. C'était bien, on le voit, la doctrine que je soutenais tout à l'heure pour l'hypothèse inverse.

Ainsi éconduit, l'armateur se retourna vers son autre garant, l'Administration. Par malheur il devait l'attaquer devant la juridiction administrative. Un arrêt du Conseil d'Etat, ne tenant aucun compte de celui de la Cour de Rouen, repoussa pareillement la demande, en établissant que l'ouragan avait été la véritable cause de la

perte, attribuée conséquemment à une fortune de mer. Il n'était pas douteux que ce
n'en fût la cause première. Ainsi un très
honorable armateur, avec deux garants
excellents pour les deux sortes de risques,
se trouva déchu de tout recours. Il perdit
ses deux procès après avoir perdu son
navire. Il dut être convaincu, par la vertu
de deux décisions souveraines, que son
navire, brûlé au fond de la mer Noire,
n'avait péri ni par une fortune de mer, ni
par une fortune de guerre.

Son malheur fut de ne pouvoir mettre
ses deux garants en présence devant la
juridiction commerciale. Là cet affligeant
résultat n'aurait pas été à craindre. Le
droit de l'armateur à être indemnisé n'aurait pas même été contesté, et il est probable qu'en raison des circonstances de
fait, la vérité de la solution eût été dans
le partage des responsabilités.

ARTICLE 3

Les risques de recours de tiers autres que ceux qui seront exceptés par les 6e et 7e paragraphes de l'article 4, exercés contre le navire assuré pour faits d'abordage ou collision avec un autre navire, pour heurt de digues, quais, estacades et généralement dommages causés à tous objets matériels sont à la charge des assureurs pour les neuf dixièmes des dommages alloués et jusqu'au maximum des neuf dixièmes de la somme assurée.

L'assuré supporte le dixième des dommages.

Il lui est interdit de faire assurer ce dixième.

En cas d'infraction à cette interdiction, il supportera une réduction

**d'un second dixième, afin que l'inté-
rêt du dixième soit rétabli.**

**Le capitaine, de l'avis conforme du
consul de sa nation ou de l'agent des
assureurs, est autorisé à traiter et
transiger, au mieux des intérêts communs, sur toutes réclamations exercées contre lui pour faits d'abordage.**

Il y a ici une interversion de l'ordre
qu'avaient les articles 3 et 4 dans les précédentes éditions de la police française. Il
est plus naturel de dire ce dont les assureurs répondent avant de détailler les
exceptions.

L'article 3 (ancien article 4), a été modifié, à l'avantage des assurés, par suite de
la loi du 12 août 1885.

Les actions exercées contre les propriétaires de navires, personnellement, par
l'Administration des Ponts et Chaussées,
devant les tribunaux administratifs, à

raison de prétendus délits ou obligations
de voirie, lorsque des navires submergés
faisaient écueil, étaient singulièrement op-
pressives et irritantes. Les assureurs ne
voulaient pas, ne pouvaient pas risquer
d'être assujettis à des obligations indéfi-
nies de voirie. Ils avaient été amenés à
excepter entièrement de leur garantie, par
l'article 3, tous recours pour dommages
ou empêchements causés dans les ports,
rivières ou bassins.

Dans la première édition de mon Commentaire, je me suis longuement étendu
sur cette question. Je ne me plains pas
d'avoir à supprimer les considérations que
je présentais.

Je faisais partie de la Commission de
la marine marchande de 1873. Je m'honore
d'avoir été, à la suite d'autres efforts per-
sévérants, l'inspirateur du vœu auquel la
loi du 12 août 1885 a enfin donné satisfac-

tion. L'article 216 du code de commerce a
été complété par la disposition suivante :

« En cas de naufrage du navire dans un
« port de mer ou havre, dans un port ma-
« ritime ou dans les eaux qui leur servent
« d'accès, comme aussi en cas d'avaries
« causées par le navire aux ouvrages d'un
« port, le propriétaire du navire peut se
« libérer, *même envers l'État*, de toute
« dépense d'extraction ou de réparations,
« ainsi que de tous dommages-intérêts,
« par l'abandon du navire et du fret des
« marchandises à bord. »

Les réclamations de l'Administration
étant ainsi limitées par la faculté d'abandon, les assureurs ont cru pouvoir prendre
expressément à leur charge, aussi bien que
les recours pour faits d'abordage, les recours
pour heurt de digues, quais, estacades et
généralement dommages causés à tous
objets matériels.

Toutefois, les assureurs ne prennent à leur charge que les neuf dixièmes des dommages alloués, et jusqu'au maximum des neuf dixièmes de la somme assurée. L'assuré supporte le dixième des dommages.

Cette disposition qui laisse un dixième à la charge des assurés a un triple but : celui d'intéresser les armateurs et capitaines à la prudence et à l'observation des règlements, pour éviter les abordages et autres chocs ; celui de les intéresser à se défendre contre des prétentions mal fondées qu'ils pourraient accueillir trop facilement ; celui enfin de permettre la très précieuse disposition du dernier paragraphe de l'article 3, qui autorise le capitaine, de l'avis conforme du consul de sa nation ou de l'agent des assureurs, à traiter et transiger *au mieux des intérêts communs.*

Il est clair qu'il n'y aurait plus d'intérêts

communs si l'armateur se désintéressait en faisant garantir ailleurs le dixième à sa charge. Le triple but serait manqué. La disposition a donc dû être complétée par ces mots :

« Il lui est interdit de faire assurer ce « dixième. »

En Angleterre, l'usage, consacré par la formule des polices *(collision clause)*, est que les assureurs ne remboursent que *les trois quarts* des recours d'abordage. Un autre usage permet aux armateurs de faire garantir le quart à leur charge par des associations mutuelles qui se sont formées à cet effet. C'est d'un illogisme manifeste. On ne voit plus de raison pour que les assureurs, en augmentant la prime, ne prennent pas à leur charge l'intégralité des recours. Un quart non garanti serait excessif. Le système de la police française est plus rationnel. La proportion de l'intérêt conservé est réduite au dixième, mais ce doit être un intérêt effectivement conservé.

ARTICLE 4

Les assureurs sont exempts, par exception et dérogation en tant que de besoin à ce qui a été dit à l'article premier quant à la garantie de la baraterie :

1° Des faits de dol et de fraude du capitaine ;

De tous événements quelconques résultant de violation de blocus, de contrebande ou de commerce prohibé ou clandestin ;

Le tout à moins que le capitaine n'ait été changé sans l'agrément de l'armateur ou de son représentant et remplacé par un autre que par le second ;

2º Des dommages et pertes provenant du vice propre;

3º De la piqûre des vers sur les parties du navire non protégées par un doublage métallique;

4º De tous frais d'hivernage, de quarantaine et de jours de planche;

5º De toutes les conséquences qu'entraînent pour le navire les faits quelconques du capitaine ou de l'équipage à terre;

6º De tous recours des affréteurs ou chargeurs, réclamateurs de marchandises, passagers, ou équipage du navire assuré, exercés pour vice d'arrimage, chargement sur le pont, excès de charge, infractions de chartes-parties ou toutes autres fautes ou causes de recours;

7º De tous recours exercés pour faits de mort ou de blessures. Il n'est pas interdit à l'assuré de faire garantir ailleurs ces recours.

2.

Cet article contient l'énumération des risques dont les assureurs ont entendu s'exempter, à la suite, pour plusieurs de ces risques, de procès irritants. Il convient d'en examiner successivement les divers paragraphes.

Les faits de dol et de fraude du capitaine ;

Les événements quelconques résultant de violation de blocus, de contrebande ou de commerce prohibé ou clandestin ;

Le tout à moins que le capitaine n'ait été changé sans l'agrément de l'armateur ou de son représentant, et remplacé par un autre que par le second.

Il y a ici, par rapport à toutes les anciennes formules de polices des ports, une grande amélioration de rédaction, et une extension de garantie très favorable aux armateurs.

Le Code de commerce (article 353) ex-

cepte d'une manière générale de la garantie
des assureurs la baraterie, s'il n'y a convention contraire. L'usage avait prévalu de
limiter, par la convention, l'exception à la
baraterie ayant le caractère de dol ou de
fraude, mais l'exception ainsi limitée s'é-
tendait aux actes de tous les hommes de
l'équipage. Il en résultait que les faits
frauduleux des subalternes pouvaient occasionner des pertes pour lesquelles l'armateur était sans recours.

C'était inquiétant, et il y avait place à
une préoccupation très légitime. L'armateur connaît rarement tous les hommes de
l'équipage, il ne peut que difficilement les
choisir en appréciant leur moralité. Le seul
homme qu'il choisisse véritablement en
l'investissant de sa confiance, son préposé
direct, son mandataire à bord est le capitaine.

Aussi la police française, après avoir

mis par l'article 1ᵉʳ la baraterie à la charge des assureurs, a limité étroitement l'exception aux faits personnels de dol et de fraude *du capitaine*, mandataire choisi par l'armateur.

Poursuivant l'application logique de la même pensée, elle a voulu prévoir le cas où le capitaine serait changé en cours de voyage et remplacé par un autre que le second, sans participation de l'armateur au nouveau choix. D'après l'esprit de l'article, il est bien clair qu'il s'agit ici du second agréé par l'armateur lors de la formation du rôle d'équipage, non de celui qui aurait pu entrer en fonctions depuis, hors de l'action de l'armateur. Ainsi tout nouveau capitaine imposé par les circonstances, désigné par un consul et que les armateurs n'auront pas choisi, ne sera pas réputé leur mandataire. Les assureurs répondront de sa baraterie, même frauduleuse : ils répondent de celle de tous les officiers et de tous les subalternes.

Ils en répondent alors même que, sans la complicité du capitaine mandataire, on emploie le navire à des opérations de contrebande, de commerce prohibé ou de forcement de blocus. Il y avait encore ici, dans les anciennes formules, une exception absolue, inquiétante pour les armateurs. Il peut arriver que le capitaine substitué en cours de voyage, ou qu'à l'insu du capitaine mandataire, absent du bord ou malade, et au mépris de ses ordres, des officiers se livrent à des opérations clandestines au cours desquelles le navire serait saisi ou ferait naufrage. Plus libérale que les formules des ports, la police française protège les armateurs contre ces éventualités.

Les dommages et pertes provenant du vice propre.

C'est la reproduction d'une partie de l'article 352 du Code de commerce, et un principe consacré par un usage universel. Mais, si l'on est partout d'accord sur l'énoncé du principe, il s'en faut bien que le même accord règne sur les applications qui en sont faites aux diverses espèces. Il est peu de matières plus litigieuses, qui aient donné lieu à plus de contestations et pour lesquelles on puisse invoquer en sens contraires plus de monuments de jurisprudence. Il n'a malheureusement pas dépendu des rédacteurs de la police française de prévenir ces contestations, parce qu'elles tiennent à la nature des choses et sont essentiellement du domaine de l'appréciation.

La difficulté principale n'est pas dans la constatation du fait de vice propre. Ceci regarde les experts, qui sans doute sont sujets à erreur, mais qui du moins peuvent se prononcer et affirmer. Elle n'est pas non plus dans la preuve. A cet égard, la jurisprudence est bien fixée. La preuve incombe à l'assureur qui oppose l'exception, lorsque l'assuré est protégé par la présomption légale du certificat de visite. A défaut de ce certificat, la preuve de la fortune de mer incombe à l'assuré. La difficulté naît habituellement du concours de deux causes, toutes deux constatées et prouvées, qui ont contribué à la perte : un vice propre et une fortune de mer.

Je ne parle pas de la vétusté, que l'on confond souvent, à tort, avec le vice propre, et qu'à mon avis l'on doit soigneusement en distinguer. L'assureur a connu l'âge du navire et l'âge de la carène ; s'il ne les a pas connus, ce peut être une question de réticence, fort différente de celle qui m'occupe. L'assureur intelligent qui a consenti à garantir un vieux navire aura fixé sa prime en conséquence. Il est certain qu'un vieux navire ne résistera pas à la tempête comme un navire neuf ; il est certain que c'est toujours un mauvais risque, qu'il y a lieu de faire payer cher ; il est certain que si le vieux navire, éprouvant des avaries importantes ou une voie d'eau générale, entre dans un port de relâche, il ne méritera pas d'être reconstruit ou réparé à grands frais, et qu'on découvrira partout dans sa structure les traces de l'usure. L'assureur sait cela et n'est pas recevable à dire qu'il l'ignore. Il n'est donc pas recevable non plus à se faire de l'âge du navire un moyen de se soustraire à la responsabilité de la perte.

Mais le plus vieux navire doit cependant être en état d'accomplir, sauf les accidents, la traversée pour laquelle on l'expédie, et c'est ce qu'exprime le certificat de visite qui lui est délivré. Autrement il n'y aurait qu'à le démolir. Il n'est pas destiné à naviguer sur un lac tranquille. Or, quelle sera la rencontre qui pourra être qualifiée d'accident ?

S'il éprouve un abordage ou un échouement, point de doute, l'accident fortuit est caractérisé, l'assureur objecterait bien vainement que c'est la vétusté qui en a causé la gravité. Ce n'est pas là du vice propre. Il en sera encore de même à la suite d'un ouragan qui aura disloqué le vieux navire, tandis qu'un navire plus neuf et plus solide aurait résisté. Mais, entre l'ouragan et le calme, il y a toutes les nuances de la brise, comme tous les degrés du baromètre. A quel degré commencera l'accident ou la fortune de mer ? S'il est établi que le navire a été envahi par une voie d'eau sans autre rencontre qu'une mer faiblement agitée par une brise légère, le baromètre marquant le beau temps, l'assureur ne sera-t-il pas fondé à soutenir qu'il y a là preuve acquise, par l'évidence du fait, que le navire avait un vice préexistant, et n'était parti qu'en état manifeste d'innavigabilité ?

Ce sera surtout frappant s'il s'est écoulé très peu de temps depuis le départ. Le cas est assez fréquent dans les voyages de retour des régions tropicales. Un long séjour au port, sous l'action d'un soleil torride, a écarté les coutures et disjoint les assemblages. Le navire part enfin, lourdement chargé. A peine a-t-il gagné la haute mer et ressenti les premières secousses des vagues qu'une voie d'eau se déclare. Il rétrograde, ou, suivant la direction du vent, il gagne un autre port de relâche. Alors, après le déchargement, l'examen minutieux des experts constate un état général de délabrement dont la réparation exigerait d'énormes dépenses. Est-ce là un accident de mer ? N'est-ce pas plutôt la

démonstration d'un vice antérieur au départ? Question abandonnée à l'appréciation arbitraire des juges.

Par malheur, la décision dépendra souvent des mots employés dans les rapports
plutôt que de la vérité des choses. Il y a
des experts précis et corrects, qui décri-
vent nettement ce qu'ils ont vu, les mem-
bres pourris, les coutures larges et sans
étoupes, et qui appellent les choses par
leur nom. Les armateurs qui ont eu la
mauvaise chance de rencontrer ces fâcheux
sont à plaindre. Il y en a d'autres, prudents
ou complaisants, qui ont soin de se tenir
dans les généralités. La carène a éprouvé
de grandes fatigues, les avaries sont dues
aux fatigues de la navigation. Cette banale
expression de fatigues est très commode.
Elle a l'avantage de ne pouvoir être contestée, car, certainement, un navire n'aura
pas longtemps navigué, non plus qu'un

homme n'aura longtemps vécu et travaillé,
sans fatigues.

Il y a de même des capitaines simples
et sincères qui se bornent à consigner dans
leurs rapports ce qu'ils ont éprouvé, qui
disent que la mer était belle et la brise
légère lorsque la voie d'eau s'est déclarée.
Ils risqueront d'être taxés au retour de
niais et de maladroits. Il y en a d'autres qui
savent penser aux assureurs en rédigeant
leurs rapports, et composer en conséquence
leur style en usant largement du procédé
de l'amplification. Le vent fraîchissait, la
mer se creusait et donnait de violentes
secousses au navire, qui fatiguait dans
toutes ses parties. On ne manque jamais
de retrouver ici la fatigue. Tout cela, sauf
le ton et la mesure, peut être encore à peu
près vrai, mais parfois la rhétorique s'em-
porte jusqu'à la description de la tempête,
et je demande comment, à deux mille lieues

de là, plusieurs mois après, des assureurs ou des juges pourront vérifier l'hyperbole ? Comment ils redresseront les limites qui séparent la belle brise de la forte brise, et celle-ci du coup de vent ?

Très souvent encore le capitaine enclin à l'amplification raconte dans son rapport qu'il a senti une secousse et l'attribue à la rencontre de quelque épave flottante. Ce n'est pas toujours vrai, et c'est plus facile à dire qu'à vérifier.

Dans la navigation à voiles, c'est la voie d'eau qui est d'ordinaire l'accident litigieux. Dans la navigation à vapeur, c'est la rupture de l'arbre de couche, la fuite des chaudières ou le dérangement de quelque autre partie du mécanisme.

Rien de plus malaisé que de tracer des règles pour résoudre de telles questions où l'équité serait d'ordinaire dans une transaction. Aussi, l'on a de nombreux exemples de transactions amiables, avant procès.

Lorsqu'il y a procès, je souhaiterais que les tribunaux s'érigeassent en amiables compositeurs pour imposer la transaction, qui serait presque toujours plus juste qu'une solution extrême. Je crois qu'ils y seraient autorisés, car il y a le plus souvent deux causes qui ont concouru à produire la voie d'eau : le vice propre et la fortune de mer.

On devrait faire encore une distinction trop rarement admise par la jurisprudence et qui est cependant d'une justesse frappante. Le vieux navire peut continuer d'être utilisé sans témérité pour certains transports, non pour d'autres. On connaît de vénérables navires norvégiens qui datent de près d'un demi-siècle et qui ne sont jamais chargés que de sapins du nord. On dit communément dans les ports de mer

que c'est le chargement qui porte le *navire*.
Le vieux navire pourra aussi être employé
à la pêche ou au transport des huiles, des
autres liquides, des lièges, des poteaux de
mines, de toutes les marchandises qui flot-
tent. S'il prend des marchandises lourdes,
la prudence exigera une modération et
une limitation du poids. L'excès de charge
est un des plus grands dangers de la navigation. L'excès ne se constate pas selon
une règle absolue ; c'est chose relative au
degré de solidité et à l'âge du navire. Le
premier tort est aux experts visiteurs qui
délivrent à tous les navires des certificats
de bonne navigabilité exactement semblables et dont la formule est même parfois
imprimée. Les registres de classification
qui portent d'ordinaire le nom de *Veritas*
corrigent ce tort en graduant une échelle
de cotes de confiance. Mais ces registres
sont des entreprises privées et les tribunaux

ne se croient pas obligés de tenir compte de leurs indications.

Certainement le vieux navire qui coule en mer sous le poids excessif d'une cargaison de métaux, de minerais, de briques ou tuiles, de guanos, de marbres, etc. a péri par une sorte de vice propre, à moins qu'on ne préfère dire qu'il a péri par le fait et faute de ses armateurs qui lui ont donné ce chargement excessif. Les tribunaux pourraient réprimer ces abus. Je présente les observations qui précèdent moins dans l'intérêt des assureurs que dans celui de l'humanité. Les assureurs ont toujours la ressource de proportionner la prime au risque et celle de refuser les risques qui leur paraissent trop mauvais. Mais il est douloureux de compter le nombre effrayant de marins qui ont disparu, qui ont été engloutis, parce qu'on avait chargé outre mesure de marchandises lourdes des navires vieillis, incapables de supporter un pareil fardeau.

Je remarque ici que la police qui a répété, sans utilité à mon avis, l'exception du vice propre, expressément écrite dans l'article 352 du Code de Commerce, n'a pas répété le second membre de phrase du même article qui excepte aussi de la garantie des assureurs *les dommages causés par le fait et faute des propriétaires*. Il n'est pas douteux que cette exception, prononcée par la loi, demeure aussi expresse que celle du vice propre.

Si la doctrine fléchit souvent devant l'appréciation souveraine des circonstances, il y a d'autres questions controversées, intéressant surtout la navigation à vapeur, qui me paraissent susceptibles d'une solution doctrinale plus précise. Il arrive parfois qu'une avarie grave se révèle en mer, par suite d'un vice latent, inaperçu au départ. Je reprends l'exemple de l'arbre de couche qui se rompt brusquement. La mer est belle, le temps magnifique, le capitaine est sincère dans son rapport, il a dédaigné de faire de l'amplification. C'est un vice propre manifeste ; l'arbre était usé, le fer était mauvais ou contenait ce qu'on appelle une paille. Le navire n'en est pas moins désemparé. S'il réussit à gagner à la voile son port de destination, il y remplacera son arbre de couche aux frais de l'armement. Les armateurs auront peut-être un recours contre les fournisseurs du fer ou les constructeurs de la machine, non contre les assureurs qui n'ont pas pu garantir la qualité du fer. Mais si le navire désemparé, privé du secours de sa machine, gouvernant mal, rencontre ultérieurement une tempête qui le fait sombrer ou le jette sur des récifs, les assureurs seront-ils admis à repousser la responsabilité du naufrage, en alléguant que la perte *provient* d'un vice propre ?

Je n'hésite pas à me prononcer pour la négative. J'estime que les assureurs seront responsables. Reproduisant les considérations que je présentais à l'occasion du changement de route par un fait de guerre, je dis : il est probable que la perte a été la conséquence de la rupture de l'arbre de couche, mais cela n'est pas certain et n'est pas prouvé. Le navire pouvait faire naufrage sans avoir éprouvé cet accident. Il aurait pu, en ralentissant et changeant sa marche, être préservé par cet accident même d'un naufrage qui le menaçait ailleurs. La perte n'a donc pas été la conséquence nécessaire de l'avarie de vice propre, elle a été un événement fortuit et une fortune de mer.

La jurisprudence des avaries communes confirme cette distinction par de frappantes analogies. On délibère de couper volontairement le grand mât : le mât coupé est une avarie commune. A la suite de ce sacrifice, une voie d'eau se déclare, ou le navire, gouvernant mal, est jeté sur un banc. Ce sont des accidents nouveaux et fortuits, parce qu'ils n'ont pas été la conséquence nécessaire du sacrifice.

L'assureur qui se serait exempté des avaries communes répondrait incontestablement de la voie d'eau et de l'échouement. De même l'exemption du vice propre laisse subsister la responsabilité des fortunes de mer qui, bien que peut-être influencées par le vice propre, n'en ont pas été la conséquence nécessaire.

La piqûre des vers sur les parties du navire non protégées par un doublage métallique.

On avait disputé sur la question de savoir si la piqûre des vers était une fortune

de mer ou un vice propre. La distinction
nettement établie par ce paragraphe prévient le litige de la façon la plus équitable.
La vermine qui pullule dans les mers des
pays chauds, surtout dans les eaux tran-
quilles des ports, attaque aussitôt tout bois
immergé. Le doublage métallique est la
défense nécessaire. Si des feuilles du doublage ont été arrachées par un échouement
ou par la violence des vagues, l'irruption
des vers sera un accident et une fortune
de mer à la charge des assureurs ; elle
n'est pas un accident quant aux parties du
navire exposées sans protection aux rava-
ges de la vermine.

Ce paragraphe a bien peu d'importance
aujourd'hui que tous les vapeurs et un
grand nombre de navires à voiles sont
construits en fer ou en acier.

Les frais d'hivernage, de quarantaine et de jours de planche.

Ces frais sont évidemment des accidents commerciaux à la charge du fret, et non des fortunes de mer.

Il ne faut pourtant pas entendre le paragraphe au sens absolu que semble exprimer sa rédaction. Ce n'est qu'au port de chargement ou de déchargement, ou dans une relâche non causée par des avaries, que ces frais sont étrangers aux assureurs. Si le navire était en relâche forcée pour avaries dans un port où il aurait à subir des frais d'hivernage ou de quarantaine, ces frais retomberaient à la charge des assureurs comme accessoires de l'avarie.

Les conséquences qu'entraînent pour le navire les faits quelconques du capitaine ou de l'équipage à terre.

On l'a vu, la police française a été très

libérale quant à la garantie des faits de baraterie. Les assureurs ont craint qu'on ne cherchât à étendre cette qualification, assez élastique, aux actes commis à terre par les équipages. Ces actes peuvent être des rixes, des violences, des désertions, des participations à des émeutes, des préparatifs de contrebande, etc. Les opérations du navire en seront entravées ou retardées, des amendes seront prononcées, des réparations ordonnées, le navire pourra être saisi et retenu comme gage. Les assureurs ont cru prudent de s'affranchir expressément de tous recours à raison de semblables faits. Peut-être était-ce inutile, ces faits n'étant certainement pas des fortunes de mer, mais l'on a tiré du mot de baraterie des conséquences tellement inattendues pour les assureurs qu'ils ont pu redouter une extension nouvelle de l'expression.

Les recours des affréteurs ou chargeurs, réclamateurs de marchandises, passagers ou équipage du navire assuré, exercés pour vice d'arrimage, chargement sur le pont, excès de charge, infractions de chartes-parties ou toutes autres fautes ou causes de recours.

Ce paragraphe mérite quelques développements. Il a été introduit précisément comme une protection contre les extensions, jugées excessives et irritantes par les assureurs, qui ont été données à la garantie de la baraterie.

Le capitaine n'est pas seulement le conducteur nautique du bâtiment, le chef hiérarchique de l'équipage et le maître du navire, il est souvent aussi le gérant commercial de l'entreprise de transport dont le navire est l'instrument, le mandataire et le représentant des armateurs. En cette

qualité de gérant, il traite avec les chargeurs, il signe des chartes-parties et des
connaissements. Ce sont de véritables actes commerciaux, des engagements condi-
tionnels et synallagmatiques. Les assureurs
du navire sont absolument étrangers à ces
engagements et n'y interviennent jamais ;
ils en ignorent les clauses, ils n'en auront
jamais le profit. Les contrats de louage du
navire sont, pour les assureurs, *res inter
alios acta*.

Il est bien clair que ces contrats, comme
tous les autres, ne sont pas sans entraîner
des responsabilités, qu'ils peuvent donner
lieu à des contestations et à des dommages-
intérêts. Le Code de commerce, au titre
IV du livre II, a exprimé en termes généraux la responsabilité du capitaine. Il est
garant de ses fautes même légères (art.
221). Il est responsable des marchandises
dont il se charge (art. 222). Sa responsa-

bilité ne cesse que par la preuve d'obstacles de force majeure (art. 23o). En outre, le Code a précisé dans le détail plusieurs des obligations du capitaine. Les unes se rapportent à sa qualité de commandant, préposé à la conduite du navire, les autres à sa qualité d'entrepreneur de transport et de contractant vis-à-vis des chargeurs. Ces dispositions diverses, que la réflexion classe sous deux points de vue si distincts, se suivent un peu en désordre et sans division méthodique. C'est à cette confusion regrettable que j'attribue une autre confusion et ce que je ne crains pas d'appeler une erreur de la jurisprudence.

Je crois en outre que la jurisprudence a commis une autre erreur sur le sens même du mot de baraterie, qu'elle a trop généralisé. Quand l'article 353 du Code de Commerce dit que l'assureur n'est point tenu des prévarications et fautes du capitaine et de l'équipage *connues sous le nom de baraterie de patron*, il ne veut pas dire, suivant moi, que toutes les fautes *sont* des barateries de patron; il entend, au contraire, se référant à l'usage, n'excepter que *celles* qui sont *connues* sous ce nom. On pensera que c'est là une subtilité grammaticale. Elle a une grande importance, la phrase étant susceptible de ces deux acceptions si diverses. Celle que je présente me paraît la plus rationnelle et même la plus grammaticale. Jamais la langue usuelle n'accusera de baraterie un capitaine qui, se trompant dans ses calculs astronomiques ou sur ses sondages, ou prenant un phare pour un autre, se trouvera égaré de sa route et viendra s'échouer loin du lieu où il croyait être. Elle ne l'accusera pas davantage de baraterie pour une manœuvre que des juges compétents déclareront maladroite. Jamais des assureurs, exempts de la baraterie, ne seraient admis à opposer de telles fautes : autrement l'assurance serait illusoire, la plupart des sinistres pouvant toujours être attribués à une faute de manœuvre.

Toutes les fautes, même du marin, ne sont donc pas des barateries, et la baraterie n'est que le manquement à un devoir précis, tel que celui d'allumer ses feux la nuit, de prendre un pilote, d'être personnellement à son bord à l'entrée et à la sortie des ports. L'ancienne doctrine, se conformant à l'ancien usage des mots, faisait cette distinction. La jurisprudence moderne la méconnaît. Pour elle, l'article 353 signifie que toutes les fautes sont des barateries.

Elle va plus loin, elle ne distingue même pas si les prétendues barateries atteignent *le navire* ou l'opération commerciale. Certes, quand les assureurs *du navire* ont

consenti à garantir la baraterie du capitaine, que la loi ne mettait pas de plein
droit à leur charge, ils ont seulement
entendu garantir les fautes commises dans
la conduite du navire et aboutissant à des
dommages pour le navire, les fautes du
marin et du commandant. L'idée ne leur
est pas venue et ne pouvait pas leur venir
qu'ils garantissaient aussi, au regard de
tiers inconnus d'eux, les fautes de l'entrepreneur de transport, les infractions de
contrats et les négligences aboutissant à
des responsabilités commerciales. Si un
tel soupçon s'était présenté à leur esprit,
nul doute qu'ils n'eussent exprimé eux-
mêmes une distinction qui est dans la
nature des choses, en s'affranchissant de
la responsabilité des contrats d'affrétement
dont, n'ayant pas les profits, ils ne peuvent pas avoir les charges.

Il s'est écoulé bien longtemps avant que

cette pensée se fît jour. Enfin, des intérêts d'armateurs ont eu assez de perspicacité ingénieuse pour découvrir que cette responsabilité devait se trouver cachée sous le nom général de baraterie et qu'on pouvait faire payer aux assureurs *du navire* les mécomptes des affrétements.

Il est donc arrivé ceci. Des marchandises ont été avariées ou perdues, par suite d'un mauvais arrimage ou d'un défaut de vigilance du capitaine, ou parce qu'elles avaient été chargées sur le pont sans autorisation. Les chargeurs ont obtenu condamnation contre le capitaine, en réparation du préjudice. Les armateurs étant civilement responsables des faits du capitaine, leur mandataire, se sont retournés vers les assureurs *du navire* et leur ont dit : « Toute faute du capitaine est une baraterie ; vous nous avez garanti la baraterie non frauduleuse. Un mauvais arrimage, non plus qu'un chargement sur le pont, non plus qu'un défaut de vigilance, n'est pas une fraude. C'est donc à vous de nous rembourser le dommage que nous éprouvons. » Les tribunaux ont accueilli cette argumentation, et les assureurs *du navire* ont payé les dommages-intérêts dus aux chargeurs, par suite de la perte ou de l'avarie *des marchandises*.

Il n'est pas à ma connaissance qu'on leur ait encore fait payer les dommages-intérêts dus pour inobservation d'une charte-partie, mais l'argumentation sera exactement la même, sans que j'aperçoive de motifs d'adopter une autre jurisprudence. Le chargement sur le pont, sans autorisation, est déjà une véritable infraction à la charte-partie. On ira loin dans cette voie des recours indirects, et tous les préjudices que les armateurs reprocheront à une mauvaise gestion du capitaine se convertiront en responsabilités de baraterie. Si un équipage mal traité ou des passagers mal nourris obtiennent une indemnité, ce sera une baraterie. Si des chargeurs, le navire rentrant au port le lendemain de son départ avec des avaries ou avec sa cargaison désarrimée, établissent qu'il était parti trop pesamment chargé et hors d'état de naviguer (article 297 du Code de commerce), ce sera une baraterie. On éludera même ainsi l'exception du vice propre. On soutiendra qu'il y a eu faute du capitaine, et partant baraterie, à ne pas faire visiter son navire et à ne pas le calfater après un séjour dans les pays chauds.

Je répète que, selon ma plus profonde conviction, c'est une erreur de la jurisprudence, une fausse interprétation de la convention par laquelle les assureurs *du navire* ont consenti à garantir la baraterie, une interprétation abusive et forcée du mot même de baraterie, lequel ne comprend pas les fautes commises par le capitaine en qualité de transporteur et de mandataire commercial des armateurs.

Les assureurs n'ayant pas réussi à faire accueillir cette distinction ont dû l'exprimer clairement, puisqu'elle était dans leurs intentions, comme elle est dans la nature des choses. Et ce qui montre bien leur pensée, c'est qu'ils ont expressément accepté la responsabilité des recours *pour faits d'abordage* à la mer. Une fois en mer, en effet, le capitaine n'est plus un négociant contractant avec d'autres négociants, mais le chef hiérarchique de l'équipage, mais le commandant. Les fautes de manœuvre, les négligences qu'il peut commettre ou que peuvent commettre ceux qui le suppléent sont des fautes de marins. S'il en résulte des recours de tiers, des responsabilités contre le navire, les assureurs du navire les garantissent, parce qu'ils ont garanti toutes les fautes qui seraient commises dans la conduite du navire.

Les recours exercés pour faits de mort ou de blessures. Il n'est pas interdit à l'assuré de faire garantir ailleurs ces recours.

En France comme en Angleterre, les assureurs ont jugé nécessaire d'excepter de leur responsabilité les indemnités pour faits de morts ou de blessures. Ce sont, en effet, choses trop indéterminées et trop personnelles. Puis les assureurs sont dispersés, jamais solidaires, ayant le besoin de pouvoir toujours liquider à bref délai leurs opérations d'assurances. Les tribunaux traduisent souvent en rentes viagères ce genre d'indemnités. On ne comprend guère, pour des assureurs maritimes, la charge de servir des fractions de rentes viagères, et ce serait dans l'exercice de leur profession un embarras intolérable.

Mais ici, les assureurs n'ont pas cru devoir interdire aux armateurs d'apaiser leurs inquiétudes en faisant garantir ailleurs ces recours. Il y a des Compagnies spéciales d'assurances contre les accidents personnels et des associations mutuelles auxquelles les armateurs seront libres de s'adresser.

ARTICLE 5.

La valeur agréée du navire comprend indivisément tous ses accessoires, notamment les victuailles, avances à l'équipage, armement et toutes mises dehors, à moins qu'il ne puisse être justifié que certaines de ces dépenses concernent un intérêt distinct de celui de la propriété du navire.

A défaut de cette justification, les assureurs du navire seront en droit, en cas de délaissement, de réduire sa valeur agréée du montant de toutes assurances faites séparément sur armement, victuailles ou mises dehors, avant ou après l'assurance du navire.

Néanmoins, dans les risques de pêche, la valeur de l'armement spécial de la pêche, et, pour les navires à vapeur, la valeur de la machine, peuvent toujours être assurées séparément.

Cet article est une garantie contre des pratiques abusives qui confinaient parfois à la fraude, si même elles ne conduisaient à des barateries. Il prévient aussi des litiges et ne peut qu'être hautement approuvé par tous les armateurs loyaux.

Il est évident que l'un des principaux éléments de l'appréciation du risque, lorsqu'il est proposé, surtout s'il s'agit d'un navire vieilli, est l'évaluation du navire. L'assureur voit l'âge, la cote et le tonnage, compare l'évaluation, et se décide en conséquence. Mais que peut être cette appréciation, si, en dehors de lui et à son insu, l'armateur se réserve de commettre des assurances supplémentaires, sous les noms mal définis d'avances, d'armement, de victuailles ou de mise dehors ? Jamais des maisons respectables n'ont eu recours à ce genre d'assurances ; on ne les voyait recherchées que par des armateurs obscurs, le plus souvent besoigneux, et par les capitaines propriétaires de navires vieillis.

Règle générale. Quand vous apprendrez qu'un vieux navire est couvert de cette

4.

végétation parasite d'assurances accessoires, tenez pour certain qu'il est *destiné* à
ne pas durer un an de plus. Il rencontrera
quelque part la tempête qui le fera couler,
le banc de sable où il restera échoué, ou
le port de relâche où il sera condamné. Si,
par accident, il flotte encore au bout de
l'année, c'est que le capitaine, incapable
d'une mauvaise action bien caractérisée,
n'aura pas trouvé l'occasion propice d'une
capitulation de conscience, ou qu'il aura
trop présumé des infirmités de son navire.
Déconcerté de n'avoir que des primes à
payer, s'obérant pour les acquitter, il recommencera, en se promettant d'être plus
heureux une autre fois. L'opération est
bien connue dans les ports de mer, et cela
s'appelle, par euphémisme, une liquidation.

Ces assurances accessoires, en créant
un intérêt immoral à la perte, altèrent si
manifestement l'opinon du risque que je

suis convaincu que les assureurs du navire,
s'ils les avaient ignorées, seraient souvent
fondés à s'en faire un moyen de nullité
pour cause de réticence. Les rédacteurs
de la police française auraient pu les pros-
crire absolument, ou exprimer qu'elles
entraîneraient nullité de l'assurance du
navire. Ils ont craint d'aller trop loin. Ils
ont atteint d'une manière moins aiguë le
même but moral, en enlevant tout intérêt
à l'abus. Ils se contentent de prononcer
la réduction de l'assurance du navire.
Encore, respectueux de la liberté des
transactions et de la variété des combinaisons d'armement, ont-ils eu soin de
ménager la faculté d'assurer à part les
choses pour lesquelles on justifiera d'un
intérêt distinct et légitime.

L'article 5 a été une des meilleures dispositions de la police française. J'estime
qu'il mérite l'approbation des armateurs

honnêtes et sérieux, plus encore peut-être que celle des assureurs.

Je suis très frappé de l'observation que, dans le laps de moins de quinze ans qui s'est écoulé depuis la publication de ma première édition, les abus que l'article 5 avait pour but de combattre, et qui étaient fréquents autrefois, ont presque disparu. La marine à vapeur ne les connaît pas. La transformation des choses de la navigation est si rapide que l'article 5, excellent en lui-même, semble devenu un anachronisme.

ARTICLE 6.

Les risques de l'assurance au voyage courent du moment où le navire a commencé à embarquer des marchandises, ou, à défaut, de celui où il a démarré ou levé l'ancre, et cessent quinze jours après qu'il a

été ancré ou amarré au lieu de sa destination, à moins qu'il n'ait reçu à bord des marchandises pour un autre voyage avant l'expiration des quinze jours, auquel cas les risques cesseront aussitôt.

Il n'y a pas d'observation à faire sur cet article, qui définit nettement la durée des risques de l'assurance au voyage. Plus libéral que certaines anciennes formules, il étend à quinze jours la prolongation des risques au port de destination, laquelle n'était communément que de cinq jours. Ce n'était pas assez pour les opérations du déchargement.

ARTICLE 7

La quarantaine est considérée comme faisant partie du voyage qui y

donne lieu ; néanmoins, si le navire assuré au voyage va faire quarantaine ailleurs qu'au point de destination, les assureurs ont droit à une augmentation de prime de trois quarts pour cent par mois, depuis le jour du départ pour la quarantaine jusqu'à celui du retour.

Les mêmes augmentations de prime sont applicables au cas où un navire, trouvant son port de destination bloqué, séjourne devant ce port ou relève pour d'autres. Dans ce cas, les assureurs continuent de courir les risques pendant tous séjours et relèvements, sans cependant que cette prolongation puisse être de plus de six mois, à dater de l'arrivée devant le port bloqué ; mais ils ne répondent d'aucuns frais ni augmentations de dépenses résultant de ces relèvements et séjours.

L'assuré peut toujours faire cesser les risques à son gré avant les six mois.

En cas d'assurance à prime liée, il est accordé, sans augmentation de prime, quatre mois de séjour à partir du moment où le navire aura abordé au premier port où il doit commencer ses opérations. Si le séjour dure plus de quatre mois, il sera dû aux assureurs une augmentation de deux tiers pour cent par chaque mois supplémentaire.

La rédaction de cet article ne me paraît exiger aucune explication ni comporter aucune critique. Il prévoit des éventualités qui donnaient lieu à de graves difficultés, notamment celle du blocus, et les solutions qu'il apporte me paraissent très équitables.

ARTICLE 8

Le délaissement pour défaut de nouvelles peut être fait :

Après quatre mois pour tous navires à vapeur,

Après six mois pour tous navires à voiles, autres que ceux qui franchissent les caps Horn ou de Bonne-Espérance,

Après huit mois pour ces derniers.

Les délais se comptent au lieu de destination du dernier voyage entrepris et de la date des dernières nouvelles reçues.

L'assuré est tenu de justifier de la non arrivée.

L'article 8, plusieurs fois et tout récemment encore modifié, est un de ceux qui témoignent le mieux des changements successifs survenus dans la navigation.

L'article 375 du Code de Commerce distinguait entre les voyages ordinaires, — il fallait entendre par ce mot le cabotage, — et les voyages de long cours. Il exigeait pour les premiers le délai d'un an, pour les seconds, le délai de deux ans. C'était la reproduction des délais de l'Ordonnance de 1681.

Le voyage du Havre à New-York est un voyage de long cours. Il s'accomplit aujourd'hui, par les vapeurs postaux, en huit jours, et le télégraphe apporte des nouvelles presque instantanées de New-York. Si un vapeur postal disparaissait, le délai de la présomption légale de perte, aux termes de l'article 375 du Code de Commerce, serait de deux ans. Ce serait insensé.

Les assureurs, abrégeant les délais, sont venus à distinguer entre les vapeurs et les voiliers, entre les voyages en deçà et au-delà des caps Horn et de Bonne Espérance.

C'était très raisonnable... il y a moins d'une vingtaine d'années. Ce ne le serait déjà plus. Les vapeurs qui se rendent dans les mers du Sud passent par le détroit de Magellan, en attendant qu'ils passent par le canal de Panama. Ils ne franchissent plus le cap Horn. Ceux qui vont dans les mers de l'Inde et de la Chine passent par le canal de Suez. Quelques vapeurs allant en Australie franchissent seuls le cap de Bonne Espérance. Les voiliers continuent de franchir les deux caps.

On pouvait disputer si un voyage d'un point à un autre des mers du Sud ou des mers de l'Inde, de Bombay au Japon, de Valparaiso à San Francisco, de San Francisco en Chine était un voyage au-delà des caps.

L'article 8, tel qu'il vient d'être modifié, donne satisfaction à tous les besoins. Le délai de quatre mois, pour certaines traversées, sera encore trouvé trop long. La convention pourra l'abréger. Il est à propos cependant de ne pas oublier qu'un vapeur désemparé de son moteur devient un voilier et le plus mauvais des voiliers.

En Angleterre il n'y a pas de délai précis. Quand un navire a disparu et qu'on désespère de le revoir, il est affiché à la Bourse des assurances comme *missing* et les assureurs règlent la perte. C'est la coutume qui fait loi.

Article 9

Par dérogation expresse au Code de commerce, le délaissement ne peut être fait que pour les seuls cas :

1° De disparition ou de destruction totale du navire ;

2° D'innavigabilité produite par fortune de mer.

Cet article pose nettement le principe qu'on ne peut délaisser aux assureurs que le navire disparu, détruit ou innavigable, le navire, en un mot, qui n'est plus, comme navire, à la disposition de ses propriétaires. Cela est profondément juste. Les assureurs ne sont pas des armateurs, ils ne se livrent pas à des opérations de fret, et il est inadmissible qu'on puisse leur transporter la propriété d'*un navire qui navigue*.

L'article 369 du Code de commerce, d'abord en ne distinguant pas le navire des marchandises, ensuite en employant des expressions vagues, telles que celles de *naufrage*, d'échouement *avec bris*, de *délérioralion*, qui prêtent à toutes les discussions, même grammaticales, a donné ouverture à des milliers de litiges. Les recueils de jurisprudence sont remplis de décisions contradictoires où l'on s'évertue péniblement à définir ou à interpréter ces expressions. Les formules locales des ports avaient tâché, de leur côté, de rétrécir le champ de la discussion et n'y avaient guère réussi : les litiges renaissaient sans cesse.

Les rédacteurs de la police française avaient le devoir de s'efforcer de les prévenir. Ils ont le ferme espoir d'y avoir mieux réussi que leurs devanciers, en s'attachant à se pénétrer de ce qui leur a paru être de la nature des choses et à concentrer tout le débat sur un seul mot ou plutôt sur une seule idée : l'INNAVIGABI-LITÉ produite par fortune de mer.

ARTICLE 10

Si le montant total des dépenses à faire à un navire pour réparation d'a-

varies, (primes de grosse et autres
frais accessoires non compris, et déduction faite de la valeur des vieux
doublages et autres débris) dépasse
les trois quarts de la valeur agréée,
et si, par suite, la condamnation du
navire est prononcée, il est réputé
innavigable à l'égard des assureurs,
et peut leur être délaissé.

Si le navire, effectivement réparé,
est parvenu à sa destination, le délaissement n'est point recevable quoique le coût des réparations ait dé-
passé les trois quarts. Dans ce cas,
l'action d'avaries est seule ouverte à
l'assuré, sous les retenues et franchises prévues par les articles 18 et 20,
et la même action est ouverte à l'assuré franc d'avaries.

On voit qu'il n'est plus question ici de
naufrage, ni d'échouement avec bris, ni

de détérioration. Et, en effet, les propriétaires d'un navire *non assuré*, qui aura éprouvé un accident grave, s'inquiéteront fort peu de savoir quelle qualification grammaticale mérite l'accident. Ils n'iront pas ouvrir le Dictionnaire de l'Académie, ni les recueils de jurisprudence, ni les livres des commentateurs du Code, pour rechercher si c'est un *naufrage*, ou un simple *échouement*, avec ou sans *bris*. Ils ne s'aviseront pas davantage d'apprécier, ni de faire apprécier par des experts, qui recevraient là une assez singulière commission, dans quelle proportion leur navire, sur une plage ou dans un port de refuge, est *détérioré*. Non, ce sera leur moindre souci, et ils ne perdront pas leur temps à ces subtilités byzantines. Ils ne se soucieront que d'une seule chose : de savoir si leur navire vaut la peine d'être réparé, d'être encore utilisé par eux comme navire, ou s'il doit être vendu et abandonné comme épave. Et ce dont ils s'enquerront pour cela, ce qu'au besoin ils demanderont à des experts, c'est le chiffre de la dépense *à faire*. Après quoi ils se décideront, en optant pour la réparation ou pour la vente.

Il se pourra qu'ils se trompent ou soient trompés par les experts dans leurs appréciations ; il se pourra que, la dépense dépassant les devis, ils regrettent d'avoir réparé au lieu d'avoir vendu. On n'est jamais à l'abri de ces chances d'erreurs. Mais s'ils ont opté pour la réparation, il faudra bien en payer les frais. Ils auront leur navire réparé, remis en état de navigabilité, qui leur coûtera seulement un peu plus cher qu'ils n'avaient prévu, et ils continueront de l'utiliser.

Eh bien, je n'aperçois aucune raison pour que ces vérités pratiques et de bon sens cessent d'être des vérités, lorsque le navire est assuré. Il n'importe pas davantage d'entrer dans la vaine casuistique ni dans la logomachie du naufrage, de l'échouement avec bris et de la détérioration. La question, et l'unique question à résoudre, est encore la question pratique et de bon sens : à savoir si le navire mérite ou non d'être réparé. S'il ne le mérite pas, au lieu d'être vendu pour compte des propriétaires, il sera vendu pour compte des assureurs ; s'il le mérite, au lieu d'être réparé aux frais des propriétaires, il sera réparé aux frais des assureurs. Et la question dépend pareillement du chiffre des dépenses à prévoir. Le fait extérieur que le navire est assuré ne change rien à son état matériel et ne devrait rien changer à son sort.

Au temps de la marine à voiles, j'émettais un vœu, alors déjà presque irréalisable : c'était que les capitaines ignorassent tou-

jours si le navire était assuré, et fussent
entretenus dans la pensée qu'il ne l'était
probablement pas. Que d'efforts de conservation seraient faits, disais-je. Que
de relâches seraient évitées, quelle économie serait apportée dans les réparations,
quelle vigilance serait exercée sur les
expertises ! On se plaint de l'élévation des
primes d'assurances : les assureurs pourraient les réduire sans danger. Sur le journal de bord du navire, les armateurs
seraient tenus d'en certifier la valeur, conforme à leurs inventaires. Cette attestation
de valeur accompagnant le navire, pouvant
être connue, à toute réquisition, de l'équipage, des chargeurs, des passagers, des
consuls, servirait de base pour les décisions à prendre quant aux réparations. Ce
serait infiniment plus juridique et plus
équitable que de faire dépendre le sort du
navire, même à l'égard de l'équipage, des

chargeurs et des passagers, d'une convention d'assurance qui leur est étrangère.

On n'a pas assez remarqué cette anomalie. Le sort du navire, au port de relàche, dépend de l'évaluation conventionnelle qu'il a plu aux assureurs et aux armateurs d'adopter dans un contrat tout privé. Si les devis des réparations d'avaries se montent à 75,000 francs, cela fait juste les trois quarts d'une évaluation de 100,000 francs. Le navire est condamné par une ordonnance du consul et vendu comme innavigable. Cela ne fait que la moitié d'une évaluation de 150,000 francs. Le navire devra être réparé et continuer son voyage. N'y a-t-il pas d'autres intérêts engagés que ceux des armateurs et des assureurs? Il y a l'équipage et les passagers, il y a les affréteurs, les chargeurs et leurs assureurs, il y a toutes les combinaisons des marchés à livrer. Comment tant d'intérêts, étrangers à l'évaluation qu'exprime l'assurance du navire, peuvent-ils dépendre de cette évaluation, au mépris de l'article 1165 du Code civil qui porte : « Les conventions n'ont d'effet qu'entre « les parties contractantes. Elles ne nui- « sent point aux tiers. »

Si les intérêts étrangers se prétendent lésés, ils peuvent donc réclamer et ne pas reconnaître d'autres cas d'innavigabilité que ceux de la loi. En droit, cette opinion me paraît à l'abri de toute contradiction.

Je ne me souviens cependant pas de contestations judiciaires soulevées par ces intérêts étrangers. Presque tous les navires à voiles étant assurés, il y a une sorte de coutume ou de *consensus* qui accepte l'innavigabilité lorsqu'elle est acceptée par les assureurs.

Je savais d'ailleurs que le vœu que j'exprimais n'était que théorique. L'ignorance du capitaine n'était guère possible. Souvent intéressé dans la propriété du navire, sinon seul propriétaire, il était d'ordinaire porteur d'une copie certifiée de la police d'assurance. Aujourd'hui l'impossibilité serait plus absolue encore. Le premier soin du capitaine, entrant en relâche pour avaries, qui aurait des doutes, serait de demander qu'on le renseignât exactement par une dépêche télégraphique sur les assurances et l'évaluation agréée, afin de diriger en conséquence ses démarches et ses procédures.

Je fais observer que les rédacteurs de la police française ont été attentifs à ne pas préjuger le point de droit que j'indiquais tout à l'heure, concernant les intérêts étrangers à l'assurance. L'article dit que si le montant des dépenses à faire dépasse les trois quarts de la valeur agréée, le navire

est *réputé* innavigable à *l'égard des assureurs* et *peut* leur être délaissé. Je prie le
lecteur de s'arrêter à chacun des termes,
très réfléchis, de cette rédaction. L'article
ne dit pas que le navire *est* innavigable,
mais qu'il est *réputé* tel à *l'égard des assureurs*. Puis l'article parle de dépenses à
faire et non de dépenses *faites*, parce
qu'il est bien évident qu'un navire réparé,
quoi qu'il en ait coûté, un navire qui navigue n'est pas innavigable.

Enfin, l'article ne dit pas que le navire,
réputé innavigable, *est délaissé* aux assureurs, mais qu'il *peut* l'être, parce qu'en
effet le délaissement est toujours facultatif
pour l'assuré. L'armateur qui n'a fait assurer qu'une valeur de 100,000 francs sur
un navire de 500 tonneaux peut désirer le
conserver et le réparer, quoiqu'il en doive
coûter 80,000 francs ou davantage. Il peut
lui attribuer une valeur supérieure, même

une valeur de souvenir, de nom et d'affec-
tion, comme à un meuble de famille ; il
peut avoir un beau fret à gagner, une opération lucrative en vue ; il peut tenir à
honneur de ne jamais délaisser ses navires
dans un port de relâche, et rien n'est plus
honorable. Les assureurs ne le gênent nul-
lement dans ses libres déterminations, ils
lui ont seulement ouvert un droit et donné
une option.

L'article exprime que la valeur des vieux
doublages et autres débris doit être déduite
de l'estimation des dépenses à faire. Rien
de plus juste, et, si ce n'avait été contesté,
on s'étonnerait qu'il fût besoin de le dire.
Quand un constructeur demande 30,000
francs pour renouveler la carène et le doublage d'un navire, et offre de prendre à
compte pour 5.000 francs l'ancien doublage, il est bien clair que la dépense à
faire n'est que de 25,000 francs. L'article

élimine aussi les primes de grosse et autres frais accessoires, qui n'affectent pas l'état matériel du navire. Le taux des primes de grosse est inconnu lorsqu'on procède ; les emprunts onéreux peuvent presque toujours être évités, en l'état actuel des communications télégraphiques et du crédit. L'expérience a d'ailleurs trop montré que l'adjonction de ces accessoires n'était, pour les capitaines procéduriers, qu'un moyen abusif d'enfler les devis, afin de parvenir à la condamnation souhaitée.

L'article 10 se termine par une disposition à la fois très morale et très sage. Certains armateurs sont dans l'habitude, pour réduire le taux de la prime d'assurance, de proposer leurs assurances franc d'avaries. Je crois que c'est une mauvaise économie et que la combinaison est fâcheuse pour les deux parties. Il n'est pas bon qu'un accident grave, dont les conséquences peuvent entraîner des dépenses approchant des trois quarts de la somme assurée, laisse l'armateur sans recours. C'est mettre la probité des assurés, celle surtout des capitaines intéressés dans la propriété du navire, à de trop périlleuses épreuves.

Comment attendre du capitaine qui se sentira obéré, ruiné par une réparation sans recours, sauvé au contraire par un abandon en mer ou dans le port de relâche, d'énergiques efforts pour étancher la voie d'eau, pour stimuler son équipage au travail fatigant des pompes, pour relever le navire échoué, pour surveiller les expertises et restreindre les devis, dans l'intérêt des assureurs et contrairement au sien ? Non, ce serait trop présumer de la nature humaine, ce serait exiger du capitaine presque de l'héroïsme. Le moins qu'on doive craindre, c'est que, s'il ne pousse

pas à la consommation de la perte du
navire, il n'agisse bien mollement pour
l'empêcher. Je ne sais rien de plus pénible,
pour les deux parties et pour les tribunaux
eux-mêmes, que les contestations qui nais-
sent ultérieurement de cette situation, et
où il s'agit en réalité de décider si un
capitaine sera ruiné par la petite économie
qu'il a voulu faire sur sa prime d'assurance, ou préservé de la ruine par le soin
qu'il a pris de consommer la perte du
navire. J'estime donc que les assureurs
devraient se refuser à la combinaison de
l'assurance franc d'avaries.

Pourtant, c'est une convention licite et
quelquefois contractée. S'il arrive que le
capitaine ait fait noblement, presque hé-
roïquement, comme je le disais tout à
l'heure, son devoir de marin ; qu'au port
de relâche, jugeant le navire réparable, il
ait entrepris la réparation sans influencer

les experts et sans pousser à l'exagération des devis ; que, trompé dans ses prévisions, il se trouve avoir à solder, par un emprunt, des dépenses excédant les trois quarts de la valeur assurée, faudra-t-il qu'il rencontre la ruine au terme de son voyage, et en ramenant le navire à sa destination ? Les assureurs ne l'ont pas voulu, et, malgré la clause « Franc d'avaries », ils l'indemniseront des avaries, comme si cette clause n'avait pas été stipulée.

La clause *Franc de toutes avaries,* prévue par l'article 409 du Code de commerce, a presque entièrement disparu des habitudes commerciales. Mais beaucoup d'assurances sont encore proposées avec la clause « Franc d'avaries, *sauf les cas d'abordage, d'échouement ou d'incendie.* » Cette clause, qui protège l'assuré dans les cas d'accidents graves et caractérisés, a bien moins d'inconvénients que l'assurance

Franc de toutes avaries. Mais elle a celui qu'on dispute sur les mots d'abordage et d'échouement, dont la définition, exacte et grammaticale, n'est pas très facile. Il arrive quelquefois de dire d'un navire qui touche un quai, une estacade, une bouée, une drôme, un bloc de glace, qu'il *l'aborde*. Des assurés ont imaginé une autre sorte d'abordage qui est très usitée, la rencontre d'une épave flottant entre deux eaux. Il n'est pas malaisé au capitaine dont le navire éprouve une voie d'eau de raconter dans son rapport qu'il a senti une secousse en mer et ne peut l'attribuer qu'au choc d'une épave. Comment l'assureur contrôlerait-il la réalité de ce choc opportun d'une épave submergée que personne n'a vue ? J'ai connu mieux, l'abordage présumé d'une baleine.

L'échouement est aussi un mot d'une certaine élasticité que les assurés étirent comme du caoutchouc. Dans les ports à marée qui n'ont pas de bassins fermés pour maintenir les navires à flot, et dans les avant-ports, les navires, deux fois par jour, à la marée basse, reposent régulièrement sur le fond de sable ou de vase. J'ai vu des plages de la Hollande où des flottilles entières de grands bateaux de pêche étaient ainsi rangées à sec sur le sable, attendant le reflux. Étaient-ce des navires échoués ? Au sens grammatical, oui peut-être. Non certainement au sens où l'échouement est un accident violent et une fortune de mer. Cependant lorsque la mer est agitée, il peut se produire des talonnements, des secousses, des fatigues au moment de la retraite ou du retour du flux. Vite les assurés soutiennent que les avaries proviennent d'un cas d'échouement.

La jurisprudence, s'inspirant du bon sens et de la nature des choses, a fait la distinction de l'*échouage*, mot attribué à la situation normale du navire qui attend la marée, et l'*échouement*, mot réservé à la situation anormale et accidentelle. On ne peut pas dire que ce soit une subtilité. La jurisprudence, d'accord avec la grammaire, reconnaît aussi que le navire qui touche ou talonne sur un bas-fond ou sur une épave, sans que sa marche soit arrêtée, n'a pas éprouvé d'échouement. L'échouement suppose que la marche soit arrêtée. Mais l'on comprend qu'il y aura bien des litiges d'espèce, et par exemple si le navire, dans son échouage, se pose sur une patte d'ancre qui le déchire, ne sera-ce pas un accident violent ? Le canal de Suez a introduit un nouveau litige. Il arrive assez souvent qu'un grand navire pesamment chargé touche le fond et s'arrête, pour cause d'un excès de tirant d'eau. Sera-ce un échouage ou un échouement ?

Il est assez généralement admis en Angleterre que ce n'est pas là l'accident qui correspond à notre qualification d'échouement.
(*Stranded*).

Il sera toujours un peu périlleux et litigieux de définir, de délimiter ainsi, parmi
les risques de mer, ceux que l'assuré, pour
faire une économie de prime, offrira de
conserver à sa charge. On disputera sur les
limites. L'assuré est son propre assureur
des risques non garantis. Pour statuer sur
les espèces, le juge devra se supposer en
présence de deux assureurs garantissant,
le premier les avaries provenant d'un abordage ou d'un échouement, le second, toutes
les autres avaries. En se pénétrant de cette
pensée, en tâchant de s'abstraire de la
bienveillance sentimentale pour l'assuré,
le juge reconnaîtra que selon la langue
technique et juridique des assurances, l'a-
bordage est la collision entre deux navires,

l'échouement, l'accident violent arrêtant la marche du navire qui cesse subitement de flotter.

ARTICLE II

Est pareillement réputé innavigable et peut être délaissé aux assureurs le navire condamné faute de moyens matériels de réparations, mais seulement s'il est établi :

Que le navire ne pouvait pas relever avec sécurité, au besoin après allègement ou par l'aide d'un remorqueur, pour un autre port où il eût trouvé les ressources nécessaires,

Et de plus, quand il s'agit d'un bâtiment à vapeur, que les armateurs ne pouvaient pas faire parvenir au lieu

de la relâche l'hélice, l'arbre de couche, ou toute autre pièce du mécanisme qui y ferait défaut.

L'article 11 est un autre développement de l'idée que l'on doit avoir toujours présente à l'esprit si l'on veut comprendre l'économie de la police française.
Les assureurs ont entendu indemniser
libéralement l'assuré loyal, *dans tous les
cas où l'armateur, non assuré, aurait
subi une perte.*

Qu'importe qu'un navire, considéré dans
ses conditions intrinsèques, soit facilement
réparable, si les moyens de réparation font
défaut? Il n'en sera pas moins réputé innavigable. Par exemple, un navire a eu sa
mâture brisée dans une tempête. Il réussit
à gagner un abri où il est en sûreté. Sa
coque n'a aucun dommage. Il ne fait

pas d'eau, il ne lui manque... que des mâts. Au Havre ou à Bordeaux, ce serait aisé à trouver, mais la localité où il s'est réfugié n'a ni bois ni ouvriers. Il sera réputé innavigable, car il ne peut pas naviguer sans mâture.

Je mentionnerai un autre cas, qui n'est pas une hypothèse imaginaire. Le navire est enlevé par un raz-de-marée ou la crue torrentielle d'un grand fleuve, et emporté dans l'intérieur des terres. Les eaux se retirant, il est à sec. Peut-être n'a-t-il que des avaries sans importance. N'est-il pas innavigable, si l'on n'a désormais aucun moyen de le faire flotter ?

Quand il s'agit d'un bâtiment à vapeur, les exemples à citer seront plus fréquents. Le navire aura perdu son hélice, brisé son arbre de couche ou une autre partie essentielle de sa machine. Il est impuissant à continuer son voyage. Au Havre ce serait

un remplacement assez peu dispendieux.
Mais le port où s'est abrité le navire n'a ni
bassins, ni ateliers, ni pièces de rechange.
La réparation est impossible. Réparable
en lui-même, le navire est frappé d'innavigabilité.

Toutefois, que ferait le capitaine du navire *non assuré*? Il s'enquerrait certainement s'il ne pourrait pas relever ou se
faire remorquer vers un port voisin où il
trouverait les ressources nécessaires. Il
serait un détestable mandataire, il sacri-
fierait les intérêts de ses armateurs s'il
précipitait la vente à vil prix de l'épave
sans avoir cherché les moyens de conjurer
le désastre. Pourquoi serait-il autorisé à
sacrifier les intérêts des assureurs?

Ce qu'on lui demande n'est d'ailleurs
pas une nouveauté. C'est la généralisation
d'une pratique qui est immémoriale sur
certains points spéciaux. On sait que notre

colonie de La Réunion, où l'on travaille à
grands frais à construire deux ports fermés, n'avait aucun port abrité. Les navires
chargeaient sur des rades foraines, exposés aux terribles ouragans de la saison
d'hivernage.

La colonie ne pouvait avoir aucun chan-
tier de réparations. Tout navire désemparé
par la tempête, démâté ou atteint d'une
voie d'eau, aurait été, à l'instant même,
frappé d'innavigabilité. L'usage constant
était que, la tempête apaisée, il gagnait
l'île voisine de Maurice, où étaient des
chantiers abondamment pourvus. Si le capitaine ne prenait pas spontanément cette résolution, il en recevait l'ordre du tribunal sur
le rapport des experts. L'île Maurice, bien
que devenue colonie anglaise depuis 1815,
était restée le port de réparation des navires
français qui fréquentaient La Réunion. Il
en était de même de Calcutta, pour les

navires éprouvant des avaries sur la rade de Pondichéry. Cela n'était écrit dans aucune loi ni dans aucun contrat d'assurance. C'était écrit dans la conscience commerciale et dans le bon sens, c'était la coutume, que je n'ai jamais vue contestée. On n'hésitait, à La Réunion, que sur le point de fait de savoir si le navire, désemparé, pouvait gagner Maurice avec sécurité pour l'équipage.

Or, découvrira-t-on un motif plausible qui s'oppose à ce que la coutume soit généralisée ? Je déclare n'en apercevoir aucun.

Le dernier paragraphe exprime une idée plus moderne, parce que la navigation à vapeur est elle-même moderne. Au temps de la navigation à voiles, les communications étaient si lentes qu'on ne pouvait vraiment pas songer à expédier au loin, d'Europe en Amérique, une mâture ni un jeu de voiles. Aujourd'hui une coutume nouvelle

6.

s'établit. Que font les armateurs d'un bâtiment à vapeur *non assuré,* quand ils apprennent, par une dépêche, que le navire, ayant perdu son arbre de couche ou son hélice, est en détresse dans un port sans ressources? Vite, suivant la distance, ils envoient un autre vapeur le prendre à la remorque, ou ils expédient la pièce manquante. Ils ont conservé les plans de la construction et connaissent les dimensions les plus exactes. Très souvent ils possèdent en magasin des pièces de rechange. Tout cela est l'affaire de quelques semaines. La Compagnie des Messageries Maritimes n'est pas si insensée que de laisser sacrifier, faute d'une pièce brisée du mécanisme, un de ses beaux paquebots, qui valent parfois plusieurs millions. Pourquoi agirait-on autrement quand le navire est assuré, et sacrifierait-on les intérêts des assureurs?

Il n'est donc rien de plus juste que les dispositions de l'article 11. Elles sont une moralisation de l'assurance.

Dans la première rédaction de la police française, on admettait aussi un cas de délaissement pour condamnation du navire *faute de fonds*, avec la distinction des ports *de relâche* et des ports *d'expédition ou de destination*. Mon commentaire expliquait et justifiait aisément cette distinction. Les armateurs ont des relations, un correspondant aux ports d'expédition et de destination. Ce correspondant assistera, aidera le capitaine. Si les armateurs ont envoyé leur navire à l'aventure sans se précautionner d'un correspondant, c'est de leur part un manque de prévoyance et une incurie dont il ne serait pas juste que les assureurs fussent victimes. Le capitaine est d'ailleurs averti. Au pis aller, il attendra des instructions et une lettre de crédit. Quant au port de relâche, l'armateur ne peut pas être tenu d'y avoir des relations, le capitaine est abandonné à lui-même, sans appui. La condamnation du navire, prononcée faute de fonds, était vraiment un fait de force majeure, dans lequel les assureurs consentaient à voir une cause légitime de délaissement.

C'était un cas autrefois fréquent lorsque le crédit était rare dans les pays d'outre-mer, les communications avec l'Europe lentes et irrégulières.

Je sentais que cette situation se modifiait rapidement tous les jours, et je m'exprimais comme suit, page 128 de mon commentaire :

« Notre paragraphe semble déjà se rattacher à la tradition d'un état de choses ancien, et ne tardera pas à être tout à fait un anachronisme. Dès à présent, il serait choquant de condamner un navire faute de fonds à Calcutta, à Bombay, à New-York ou à la Havane, alors qu'en quelques heures on peut demander des fonds aux armateurs ou aux assureurs. Quand le télégraphe aura relié tous les ports du monde avec l'Europe, cette cause de délaissement devra être effacée des formules d'assurance ou tomber en désuétude. »

Le moment de l'accomplissement de cette facile prophétie est certainement venu. En révisant la police française, les assureurs ont effacé entièrement des cas de délaissement la condamnation faute de fonds ou de crédit.

ARTICLE 12

Il est expressément convenu que les assureurs sont et demeurent étrangers :

1º Aux primes des emprunts à la grosse contractés dans un port d'expédition ou de destination;

2º A la saisie et vente du navire, dans un port d'expédition ou de destination, sur la poursuite des prêteurs ou de tous autres créanciers;

3º Aux effets de toutes déterminations de l'armateur à l'égard des créanciers, prises en vertu de l'article 216 du Code de commerce.

Bien que les applications de cet article soient de plus en plus rares, les assureurs ont cru devoir le maintenir sans y rien changer, en maintenant aussi la distinction entre les ports de relâche et les ports d'expédition ou de destination. L'armateur est réputé présent, par ses correspondants, sur les lieux vers lesquels il a dirigé son navire. S'il lui convient d'y emprunter à la grosse, de laisser saisir le navire par des créanciers, d'user de la faculté d'abandon que lui réserve l'article 216 du Code de commerce, ce sont des actes libres et non des faits de force majeure. L'acte ne cesse d'être libre que lorsque l'armateur manque lui-même de ressources et de crédit ; la force majeure est alors une insolvabilité personnelle, laquelle n'est point assurée et est étrangère aux assureurs.

Qu'on veuille bien se représenter un article de loi qui serait conçu comme suit : tel événement défini ne sera pas aux risques des assureurs si l'armateur est riche et prévoyant ; il sera compris dans leur responsabilité si l'armateur est négligent ou insolvable. — Je pourrais citer plus d'un monument de jurisprudence qui n'est pas fondé sur autre chose que sur cette base imaginaire.

A l'égard des emprunts à la grosse, il y a de plus ceci à rappeler. En l'état ancien des communications, toutes les maisons sérieuses d'armement de France n'en avaient pas moins leurs correspondants attitrés dans les mers parcourues par leurs navires, même dans les ports habituels de relâche. Ainsi, les armateurs qui trafiquaient avec l'Inde avaient tous des amis, sinon des associés, à Calcutta et à Maurice, et leur adressaient leurs capitaines, qui, fréquentant habituellement les mêmes parages, étaient là comme chez eux. Les primes de grosse étaient très chères : le prêt était donc une opération fort lucrative. Or, l'usage s'était établi de laisser fournir les fonds par les consignataires du navire, pour compte de l'armement, dans lequel était intéressé le capitaine. Les maisons concurrentes s'abstenaient, à charge de revanche, et la prime de grosse s'enflait d'autant. Ce n'était donc pas le crédit qui manquait, c'était la concurrence, par suite d'une entente tacite entre les diverses maisons de consignation. Les assureurs étaient sacrifiés, ils payaient finalement les réparations avec un accessoire de 15, de 20 ou de 30 o/o dont profitaient les armements.

J'en appelle au souvenir de bien des armateurs, les choses se passaient ainsi, et des négociants, qui se croyaient respectables, jouissant en France d'une grande honorabilité, trafiquaient notoirement, au loin, de ces pratiques abusives contre les assureurs. Heureux quand les opérations de la relâche ne donnaient pas lieu à des manœuvres plus caractérisées, à des escomptes déguisés, à des commissions fictives ou partagées ! Usages affligeants dont on s'étonnerait, si l'on ne savait que, dans le catéchisme commercial, frauder les assureurs, comme frauder la douane, n'a été longtemps, selon certains interprètes, que péché véniel, sinon habileté permise.

Les rédacteurs de la police française avouent qu'ils se sont proposé d'introduire une moralité plus sévère dans les transactions d'assurances. Les armateurs pourront continuer de prêter à la grosse, si bon leur semble, à leurs propres navires, même dans un port de destination. Ce ne sera plus un abus. Mais c'est devenu extrêmement rare.

ARTICLE 13

Le port d'expédition est réputé port de relâche si le navire, après l'avoir quitté en bon état, y rentre pour réparations d'avaries éprouvées depuis sa sortie.

Les armateurs ne méconnaîtront pas l'esprit pratique et libéral de cet article. Quand le navire a quitté le port d'expédition et a pris la mer, les comptes du correspondant avec l'armateur sont réglés et soldés, les relations peuvent être closes. Il y a d'ailleurs des intérêts nouveaux engagés, ceux de la cargaison dont les connaissements sont partis. Si le navire éprouve un accident qui l'oblige à chercher un refuge, s'il est dans le voisinage de son port de départ, le capitaine fera très sagement d'y rentrer ; il y trouvera plus de ressources qu'ailleurs ; ce n'en sera pas moins un port de relâche.

Ce fait se produisait assez souvent en France même, et il n'y a pas d'exception pour le port d'armement. Un navire du Havre, sorti chargé du Havre à destination de Valparaiso, peut rencontrer une tempête dans la Manche et rentrer désemparé au Havre, afin de se réparer. Il est sous les yeux des armateurs, des assureurs et des chargeurs. Néanmoins, la dispersion déjà opérée des intérêts par l'envoi des connaissements exigera souvent que les opérations de la relâche soient faites judiciairement avec une extrême régularité. D'un commun accord, on pourra reconnaître qu'il convient de laisser le capitaine emprunter à la grosse, afin de sauvegarder tous les recours et de transporter le règlement à Valparaiso. Le Havre sera un port de relâche, exactement comme serait Lisbonne ou Rio-Janeiro. C'est la vérité pratique et la nature des choses. L'enchère du prêt à la grosse sera d'ailleurs ouverte, et les assureurs seront libres d'y concourir comme tous autres.

Je répète que tout cela est devenu extrêmement rare.

Ici venait, dans les précédentes éditions

de la police française, un article 14 prévoyant le cas où des armateurs, ayant droit
au délaissement, préféraient régler en
avaries. Ils n'y pouvaient avoir intérêt
qu'afin de conserver le fret qui aurait été
compris dans le délaissement, aux termes
de l'article 386 du Code de commerce.
L'intérêt a disparu depuis que l'article 386
a été abrogé par la loi du 12 août 1885.
L'ancien article 14 de la police, désormais
inutile, a été supprimé.

ARTICLE 14

**La loi du 12 août 1885 ayant abro-
gé l'article 386 du Code de commerce,
le fret sauvé cesse d'appartenir, en
cas de délaissement, aux assureurs
du navire.**

Les subventions de l'État qui pourront être dues à l'armement ne font pas non plus partie du délaissement du navire.

Les gages qui pourront être dus par l'armement à l'équipage, ainsi que tous rapatriements, vivres supplémentaires ou autres frais de l'équipage, sont réputés charges soit du fret, soit de la subvention à gagner. En conséquence, lesdits gages ou frais ne seront jamais supportés par les assureurs du navire dans la liquidation du sauvetage; s'ils ont été prélevés sur les produits du navire ou de ses débris, ils seront répétés contre l'assuré.

Il en sera ainsi alors même qu'il n'y aura ni fret sauvé, ni fret payé d'avance, ni subvention de l'État.

Cet article, introduit dans la police fran-

çaise depuis le 1ᵉʳ janvier 1886, a été aussi
la conséquence de la loi du 12 août 1885
abrogeant l'article 386 du Code de commerce. Le fret cesse d'appartenir aux assureurs du navire en cas de délaissement, et
le fret net peut être l'objet d'une assurance
spéciale, indépendante des assurances
souscrites sur le navire.

Les vivres et gages d'équipage sont des
charges du fret ou de la subvention accor-
dée par l'Etat aux armements. Il suit de
là, logiquement, que les assureurs du
navire ne peuvent pas supporter les charges
d'un fret qui ne leur est pas délaissé. C'est
au fret à les supporter. De deux choses
l'une : l'armateur aura ou n'aura pas fait
assurer son fret. Dans le premier cas, c'est
aux assureurs du fret délaissé à en supporter les charges. Dans le second cas, c'est
à l'armateur lui-même, puisque le fret lui
demeure acquis.

ARTICLE 15

Dans les assurances à terme ou à prime liée, chaque voyage est l'objet d'un règlement distinct et séparé. Chaque règlement est établi comme s'il y avait autant de polices distinctes que de voyages. La somme assurée est, pour chaque voyage, la limite des engagements des assureurs.

Cet article est, tout entier, favorable aux armateurs et leur apporte un bienfait considérable.

Les anciennes formules des ports stipulaient bien un règlement séparé par voyage, mais laissaient subsister la règle que, même dans les assurances à l'année, la somme assurée était la limite des engagements des assureurs. Il en résultait que si les armateurs payaient les dépenses de réparation des avaries d'un premier voyage et si le navire périssait au voyage suivant, les assureurs ne payant rien au-delà des sommes assurées, les armateurs étaient exposés à perdre les dépenses de la première avarie. De là un véritable danger pour eux, et, afin de s'y soustraire, des expédients onéreux et des embarras. On divisait l'assurance en plusieurs polices, au risque d'être surpris par des déroutements imprévus, on laissait les capitaines emprunter à la grosse, ou l'on avait à se préoccuper d'assurances complémentaires d'avances.

Tout cela était loin d'être satisfaisant. Les assureurs ont compris que, puisqu'ils ne voulaient pas prendre à leur charge les primes de grosse des voyages successifs, ils devaient logiquement offrir les règle-

7.

ments indépendants et successifs des avaries de chaque voyage.

Les assureurs ont leurs routines, et cette disposition est une de celles qui ont rencontré parmi eux le plus de résistances. Plusieurs ne se familiarisaient pas avec l'idée de pouvoir payer 125 ou 150 pour cent de la somme assurée par une même police à l'année. Simple affaire d'écritures et d'apparence. Au lieu d'un seul enregistrement de 20,000 francs assurés à l'année à 8 o/o, que l'on suppose deux enregistrements de 20,000 francs chacun à 4 o/o, l'un pour le voyage d'aller, l'autre pour le voyage de retour, et l'on ne s'étonnera plus, après avoir payé des avaries sur le premier risque, d'être exposé à payer une perte totale sur le second.

ARTICLE 16

Il y a voyage distinct, en ce qui touche l'application de l'article 15 de la présente police, dans la traversée que fait un navire sur lest pour aller prendre chargement.

S'il prend charge pour un ou plusieurs ports, il y a un seul voyage depuis le commencement du chargement jusqu'à la fin du débarquement.

Il en est ainsi alors même que le navire a embarqué des marchandises pour un voyage ultérieur. Ce nouveau voyage n'est réputé commencé qu'au moment où a été achevé le déchargement des autres marchandises.

Cet article est purement interprétatif. Il

convenait de définir ce qu'on entend par le mot *voyage*. Le Code de commerce a employé plusieurs fois cette expression sans la définir, et dans des acceptions différentes. Il en est souvent résulté des difficultés. Les rédacteurs de la police française n'ont pas voulu tomber dans la même confusion.

ARTICLE 17

Lorsque le navire a éprouvé des avaries à la charge des assureurs, et qu'il se trouve dans un port où les réparations seraient impossibles ou trop dispendieuses, les assureurs autorisent le capitaine, en ce qui les concerne, à s'y borner aux réparations jugées indispensables et à aller, au besoin avec l'aide d'un remorqueur, les compléter au port le plus convenable où elles pourraient s'effectuer avec économie, lui donnant à cet égard les pouvoirs les plus étendus, et continuant de courir les risques sans augmentation de prime.

Le capitaine est notamment autorisé à ne point faire doubler son navire au port de relâche, et à ajourner cette dépense, dans l'intérêt commun, à un moment plus opportun.

Pendant les trajets faits spécialement, en dehors des opérations commerciales du navire, pour aller au port de réparation et en revenir, la prime mensuelle ne court pas dans les assurances à terme; les vivres et gages d'équipage et les frais de remorquage sont à la charge des assureurs.

Pendant le temps où le navire à vapeur séjourne dans le port de relâche, en attendant l'hélice, l'arbre

de couche, ou toute autre pièce du mécanisme qui lui est envoyée d'ailleurs, les assureurs prennent pareillement à leur charge les vivres et gages d'équipage et gratuitement les risques.

Cet article est une des plus heureuses innovations introduites dans une formule de police, et porte avec lui-même sa justification. Il est en outre la conséquence logique de l'article 11. Il se rapporte à la pensée simple et féconde sur laquelle je ne saurais trop insister : les assureurs désirent que le capitaine agisse comme il le ferait si le navire n'était pas assuré.

Que fait le capitaine d'un navire *non assuré*, lorsqu'il se trouve en avaries dans un port sans ressources, ou dans un port où les réparations seraient trop dispendieuses ?

Il se borne aux réparations indispensables pour la sécurité de l'équipage ; il se garde bien de doubler à neuf, aux Açores ou à Gibraltar, un navire qui rentre en France ; il s'applique avec vigilance à l'économie ; il gagne un port mieux pourvu, au besoin en s'y faisant remorquer ; il tâche surtout d'atteindre son port de destination.

Les assureurs demandent au capitaine du navire assuré de *vouloir* ce que *veut* le capitaine du navire non assuré.

Pour lui ôter le prétexte de la responsabilité inquiète, ils lui donnent, en ce qui les concerne, les pouvoirs les plus étendus. Pour rassurer les intérêts, ils prennent à leur charge les vivres et gages d'équipage pendant les relèvements, les frais de remorquage, et gratuitement les risques. Que pourraient-ils faire de plus ?

Si, au lieu de relever pour un autre port, le navire séjourne en attendant l'hélice, l'arbre de couche ou toute autre pièce qui lui est envoyée d'ailleurs, les assureurs prennent pareillement à leur charge les vivres et gages, et gratuitement les risques. C'est l'expression, équitable et logique, de la même pensée.

ARTICLE 18

Les avaries ne sont payées par les assureurs que sous la retenue d'une franchise de :

3 0/0 de la somme assurée pour les avaries particulières ;

1 0/0 de ladite somme pour les avaries communes ;

1 0/0 de ladite somme pour les recours de tiers.

En cas de concours de plusieurs sortes d'avaries, la franchise retenue ne peut être supérieure au maximum de 3 0/0.

Les franchises ci-dessus s'appliquent aux navires à voiles.

Quant aux navires à vapeur, la franchise d'avarie particulière est réduite à 2 0/0. Les franchises d'avaries communes et de recours de tiers sont supprimées.

Il a été reconnu nécessaire, dans tous les pays du monde, de protéger les assureurs par une *franchise* contre l'obsession des petites réclamations.

Il serait intolérable de les importuner d'un foc déchiré, d'un bout de corde rompu, des minimes incidents de la navigation la plus heureuse. Il s'est même formé, pour les navires à voiles, sur le taux de la franchise, fixée à 3 o/o de la somme assurée, une sorte de consentement universel. Mais si le taux de la franchise est uniforme, on diffère complètement sur la manière de l'appliquer. L'usage français est de *déduire* la franchise du montant des dépenses qui l'excèdent. L'usage de l'Angleterre, de l'Allemagne et de la Hollande est, au contraire, de payer intégralement le montant des avaries qui excèdent la franchise.

Ainsi, sur un navire estimé 200,000 fr., la franchise de 3 o/o est de 6,000 fr. Si les avaries se montent à 5,900 fr., les assurés, en Angleterre comme en France, n'auront aucun recours contre les assureurs. Mais si les avaries atteignent 6,100 fr., les assureurs anglais paieront la totalité des 6,100 fr., tandis que les assureurs français ne paieront que 100 francs.

Lequel des deux usages est le meilleur ? Réservant le taux de la franchise, sur lequel

je reviendrai tout à l'heure, je n'hésite pas
à dire que c'est l'usage français. Il n'est
pas bon, il est immoral d'intéresser le
capitaine à enfler la dépense ou à influencer les experts jusqu'à ce que l'avarie
dépasse la limite de 6,000 fr., ce qui est
manifestement le résultat de l'usage anglais. En outre, s'il est admis en principe
que les voiles déchirées et les cordages
cassés sont les petites misères de la navigation et que, dans une certaine limite,
ces bagatelles sont des dépenses d'entre-
tien qui ne méritent pas le nom d'accidents
et n'atteignent pas la responsabilité des
assureurs, il est d'une médiocre logique de
les comprendre dans leur responsabilité,
dès que, ajoutées à d'autres dépenses, elles
atteignent la limite.

Seulement, selon l'ordre des idées françaises, le taux de la franchise toujours
déduite me paraît excessif.

Une avarie de 6,000 fr., sur un navire à voiles de 200,000 fr. ou d'environ 5oo tonneaux, est certainement un accident. A plus forte raison, sur un bateau à vapeur valant un million, qui, peu chargé d'agrès et de voilure, est beaucoup moins exposé aux menues contrariétés de navigation, une avarie de près de 3o,ooo fr. est un accident caractérisé. Je serais donc d'avis que la franchise fùt réduite. Le taux de un pour cent me paraîtrait suffisant, à la condition qu'ainsi diminuée elle fùt *toujours* déduite de la réclamation.

Quant à l'avarie commune, elle est toujours un accident caractérisé, et la nature des choses ne me semble pas comporter la déduction d'une franchise de un pour cent.

Je présentais ces observations dans la première édition de mon Commentaire. Elles ont été prises en considération par les assureurs, du moins en ce qui concerne les bâtiments à vapeur. Deux franchises ont été supprimées. La franchise d'avaries particulières a été réduite à 2 o/o. Comme il y a toujours règlement séparé sur la coque et sur les machines, cette franchise de 2 o/o sur la valeur séparée de la coque se rapproche bien de la franchise de 1 o/o sur l'ensemble que je proposais.

ARTICLE 19

En cas d'échouement suivi de remise à flot, tous les frais à la charge du navire, faits pour le renflouement, sont remboursés sans retenue, au prorata des sommes assurées, même dans les risques souscrits Franc d'avaries. Il est toutefois bien entendu

que, lorsque des objets du navire ont été sacrifiés, leur remplacement subit les réductions prévues par l'article 20 ci-après.

Cet article formait le dernier paragraphe du précédent. Il mérite, par son importance, d'être un article spécial. Il s'inspire à la fois d'une pensée libérale pour les assurés et de l'intérêt bien entendu des assureurs. Le navire échoué est en danger de se perdre entièrement; son salut dépend de mesures opportunes à prendre d'urgence. Le capitaine pourrait hésiter à exposer des dépenses qui ne seraient pas remboursées. Les assureurs l'incitent à faire résolument les frais qui procureront le renflouement, promettant de les rembourser sans retenue.

ARTICLE 20

Il n'est admis, dans les règlements d'avaries, que les objets remplaçant ceux perdus ou endommagés par fortune de mer pendant la durée des risques.

Pendant la première année de la construction, il n'est pas opéré de réduction sur les dépenses pour différence du vieux au neuf.

Pendant la seconde année, il est opéré une réduction d'un cinquième, et, si le navire a plus de deux ans, une réduction du tiers sur toutes dépenses autres que celles qui sont spéciales à la carène et au doublage. Toutefois, sur les ancres et les chaînes-câbles, la réduction n'est jamais supérieure à 15 0/0.

Si le navire est construit en fer, il n'y a pas de réduction pendant les deux premières années. La réduction est de 10 0/0 pendant la troisième et la quatrième année et de 15 0/0 après la quatrième année.

Quant aux dépenses spéciales à la carène ou au doublage, pour les navires construits en bois, la réduction est d'un quarante-huitième par mois écoulé depuis que la dernière carène a été faite ou que le dernier doublage a été appliqué.

La première ou la seconde année de construction compte depuis le premier jour de la première sortie du navire jusqu'à celui de son entrée au port où il effectue ses réparations.

Le calcul des quarante-huitièmes

sur les dépenses de carène et doublage
se fait pareillement depuis le jour
de la sortie du navire, après l'achève-
ment de la carène ou l'application du
doublage neuf, jusqu'à celui de son
entrée au port où il renouvelle l'une
ou l'autre, le dernier mois n'étant
compté que s'il est entamé de plus de
quinze jours.

Les mêmes réductions s'appliquent
au règlement des indemnités dues
par les assureurs pour avaries communes.

Dans tous les cas où il y a lieu à la
réduction, en sont seuls exceptés les
frais de pilotage, de port, d'expertises,
frais judiciaires ou consulaires, et le
remplacement des vivres perdus. La
réduction n'a pas lieu non plus sur
les dépenses de réparations provisoires qui n'auront pas profité au navire,

lorsqu'il a relevé pour compléter ses réparations. La réduction est opérée sur toutes autres dépenses, même celles de location d'apparaux, pontons, grils, chantiers ou bassins, totalisées comme si la réparation avait été adjugée à forfait et à l'entreprise, mais sous la déduction du produit net des vieux doublages et autres débris.

Les primes des emprunts à la grosse contractés dans un port de relâche, commissions d'avances de fonds, intérêts ou tous autres frais proportionnels, sont ventilés et ne sont supportés par les assureurs que proportionnellement à l'indemnité nette à leur charge, établie d'après les bases ci-dessus.

Si l'emprunt à la grosse a été contracté pour un terme plus éloigné

que celui du voyage en cours, la
prime est réduite à ce qu'elle eût été
pour le terme dudit voyage en cours,
suivant appréciation à faire par amis
communs.

La contribution du fret à l'avarie
grosse n'est à la charge de l'assureur
sur corps que si les assurés ont pris
l'engagement de ne pas faire assurer
le fret.

Dans les règlements d'avaries particulières, les vivres et gages d'équipage pendant les réparations ne sont
pas à la charge des assureurs du navire, sauf ce qui est dit aux derniers
paragraphes de l'article 19.

Lesdits vivres et gages de l'équipage sont toujours réputés charge
du fret.

Il serait contraire à l'équité, et il serait immoral, qu'après un accident les assureurs fussent tenus de supporter la totalité des dépenses qui remettraient à neuf un navire vieilli, qui renouvelleraient une carène et un doublage usés, qui augmenteraient, en un mot, la valeur de la propriété assurée. L'assurance ne doit être qu'un contrat d'indemnité. Ce principe a été reconnu partout et de tout temps ; mais pour le faire passer dans l'application, l'usage avait eu recours à un forfait. On avait fixé *au tiers* de toutes les dépenses de réparation ce qu'on appelait la différence du vieux au neuf.

Il y a lieu de s'étonner de la longue durée de cet usage, tant il conduit à des résultats choquants. Quand un navire neuf éprouvait un accident grave dès son premier voyage, un échouement, un incendie, un démâtage, un abordage, les réparations n'ajoutaient absolument rien à la valeur de la propriété. Les armateurs avaient cependant à supporter le tiers des dépenses, plus la franchise de trois pour cent, plus le chômage et les retards, plus, selon certaines formules, les vivres et gages d'équipage pendant les réparations. Malgré l'assurance, l'accident était presque un désastre. Quand, au contraire, un navire ayant une carène usée la renouvelait aux frais des assureurs, l'armateur, à la veille de la renouveler à ses frais, en était quitte pour supporter le tiers de la dépense.

Déjà choquants pour les navires en bois et à voiles, ces résultats l'étaient devenus davantage encore pour les constructions en fer et les bateaux à vapeur. L'anomalie était d'autant plus malencontreuse que les assureurs doivent certainement rechercher l'assurance des navires neufs et se défier de celle des navires vieillis. C'est élémentaire dans la pratique de leur profession. Le forfait du tiers semblait inspiré par la pensée contraire. Il attirait et favorisait les navires usés, il repoussait les armateurs des navires neufs ou nouvellement doublés. Une réforme était là nécessaire.

Les rédacteurs de la police française se sont attachés à la faire de la manière la plus équitable, en graduant la réduction en raison de l'âge du navire, de la matière, enfin de l'âge du doublage.

Ce n'est pas tout. La réduction du tiers donnait lieu, dans la pratique, à d'incessantes discussions. Les assurés prétendaient en excepter un grand nombre de dépenses, notamment les frais de location des apparaux, pontons ou bassins de carénage. Les assureurs repoussaient avec raison cette prétention ; mais ils tombaient à leur tour dans un excès, en opérant la réduction sur les dépenses brutes, pour distraire ensuite, à leur profit, la totalité du produit des vieux doublages ou autres débris. Ce n'était pas juste, et précisément par la même raison qui faisait repousser la prétention abusive des assurés. Si un navire a besoin de renouveler sa carène, il est bien clair que les frais de location des apparaux et pontons font partie de la dépense de la carène neuve ; mais il ne l'est pas moins que la valeur du doublage enlevé vient en diminution de cette dépense, et serait prise en considération par le constructeur qui traiterait à forfait.

La police française prévient heureusement toutes ces discussions, et précise, dans un esprit équitable, les dépenses qui seront exceptées de la réduction, notamment celles des réparations provisoires.

Quant aux vivres et gages d'équipage pendant les réparations, les polices de Nantes et de Bordeaux les mettaient à la charge des assureurs, qui en étaient exemptés par les polices du Havre et de Marseille. La police française avait pris une moyenne entre ces usages. Elle faisait payer aux assureurs la moitié des vivres et salaires.

La loi du 12 août 1885, qui place le fret au rang des choses assurables, a logiquement ici amené un changement analogue à celui que nous avons vu sous l'article 14. Les vivres et gages sont charges du fret. L'armateur est libre de faire assurer le fret net. Il pourra stipuler dans le contrat, et je lui conseille de le faire, que les vivres et gages extraordinaires dont une fortune de mer aura nécessité la dépense lui seront remboursés par les assureurs du fret. Ces dépenses, hors les cas de l'article 17, où les assureurs les ont prises exceptionnellement à leur charge, ne concernent pas les assureurs du navire.

Il en est ainsi en Angleterre, où de tout temps la jurisprudence a reconnu la validité des assurances sur fret.

Naturellement, la contribution du fret à l'avarie commune ne concerne aussi que les assureurs du fret. Néanmoins, la police française continue de la mettre à la charge des assureurs du navire, *lorsque les armateurs ont pris l'engagement de ne pas faire assurer le fret.* C'est une faveur que les assureurs ont jugé à propos de maintenir. Ils considèrent qu'il est toujours bon pour eux que les armateurs conservent un intérêt à l'heureuse terminaison du voyage.

L'article 20 paraît, au premier abord, d'une longueur démesurée. Il ne fait que résumer, en leur donnant le plus de précision possible, les règles qui président à l'établissement des *dispaches*, pour employer le mot consacré, d'avaries particu-

8.

lières. Ces *dispaches*, où s'exerce, dans tous les pays maritimes, l'habileté de praticiens spéciaux qu'on appelle des *dispacheurs*, sont toujours laborieuses et assez compliquées. Une expérience d'une vingtaine d'années a montré que le fonctionnement de l'article 20 est satisfaisant. Il y a eu des discussions de détail et de chiffres aboutissant d'ordinaire à des accommodements. Il y a eu peu de litiges sérieux.

ARTICLE 21

Dans les risques de pêche, les assureurs sont exempts de toutes pertes et avaries sur les embarcations, ustensiles de pêche, ancres, chaînes, câbles et dépendances, pendant la

pêche et pendant le mouillage. Ils sont pareillement exempts des pertes d'ancres, chaînes, câbles et dépendances, dans les divers mouillages de l'île de la Réunion.

Il n'y a rien à dire sur cet article, sinon qu'il est conforme à un usage général.

Article 22

Les assurés s'interdisent expressément :

1º Les assurances sur bonne arrivée des navires;

2º Les assurances sur fret excédant soixante pour cent du fret à justifier.

Toute assurance faite par les pro-

priétaires des navires, par leur ordre ou pour leur compte, contrairement aux prescriptions du présent article, réduit d'autant, en cas de délaissement, la somme assurée sur le navire.

Les assureurs apprécient, par un forfait, que le fret *net*, dont la loi du 12 août 1885 autorise désormais l'assurance, ne peut pas excéder soixante pour cent du fret brut. Il serait difficile de critiquer cette appréciation.

Comment justifiera-t-on du montant du fret brut ? Par les chartes-parties, les connaissements et à défaut par les prix courants. La loi ne s'étant pas expliquée, aucune jurisprudence n'ayant pu encore se former, je ne puis pas faire qu'il n'y ait pas là quelque chose d'un peu litigieux. Si les assureurs jugeaient à propos de rédiger la

formule d'une police d'assurance sur fret,
c'est un des points qu'elle aurait à régler.
Les assurances sur fret sont devenues très
rares, et le besoin d'une formule n'a pas
encore été senti. Aussi, pour éviter toutes
discussions, les armateurs feront sagement
de soumettre les assurances sur fret à
l'agrément des assureurs du navire, lesquels n'auront aucun motif de refuser
leur agrément à des assurances non abusives.

Les dispositions de l'article 22 auraient
pu se confondre dans celles de l'article 5.
Elles s'inspirent exactement de la même
pensée. Quelque nom qu'on donne aux assurances supplémentaires faites en sus de
celle du navire, victuailles, avances, armement, mise dehors, bonne arrivée ou fret
agréé, l'abus commence là où naît chez
l'armateur un intérêt à la perte du navire,
où l'assurance cesse d'être un contrat d'in-

demnité pour devenir une spéculation de lucre. Bien vainement l'assureur circonspect contrôlerait la valeur du navire, s'appliquant à ne pas garantir une valeur exagérée, s'il restait permis d'éluder ce contrôle en remplaçant l'exagération par des assurances supplémentaires. J'estime qu'il y aurait même là une sorte de dol ou de fraude au contrat, pouvant en faire prononcer l'annulation. Les rédacteurs de la police française n'ont pas voulu aller jusqu'à cette sanction extrême, qui serait juridique. Il suffit aux assureurs de détruire l'intérêt à la perte du navire par une simple réduction de valeur et la sanction de l'article 22 est encore semblable à celle de l'article 5.

Les abus combattus par ces deux articles sont devenus assez rares. Ils étaient très fréquents autrefois, au temps de la navigation à voiles et des capitaines intéressés dans la propriété des navires qu'ils commandaient. Guidés par leur intérêt de propriétaires, ces capitaines mettaient souvent à se dépouiller de leur commandement autant d'ardeur que d'autres en auraient mis à le conserver. Le crime prémédité de baraterie ou de naufrage volontaire était rare. Ce qui ne l'était pas, après une avarie éprouvée et surtout une voie d'eau, c'était l'abandon opportun en mer, ou, au port de relâche, la procédure à outrance, harcelant les experts pour obtenir la condamnation du navire.

Les consuls signalaient sans cesse ces scandales. Ils gémissaient de leur impuissance à les réprimer et demandaient, non sans raison, le remède aux assureurs eux-mêmes. Voici ce que voulait bien m'écrire un de nos plus honorables consuls : « Vous comprendrez la vivacité des termes que j'ai employés, en vous rendant compte de l'impression pénible que je ressens chaque fois que je vois des armateurs envisager comme une affaire purement commerciale, comme une opération toute naturelle à laquelle il faut recourir si elle est profitable, le délaissement auquel les marins qui se respectaient n'en venaient autrefois qu'avec la plus grande répugnance. J'ai apporté toutes les entraves possibles aux manœuvres pratiquées par certains capitaines pour élever les avaries de leurs navires à la proportion des trois quarts. Vous ne vous étonnerez pas que j'aie cherché à atteindre *ces spéculations déloyales.* »

Je crois que c'est la meilleure justification des articles 5 et 22 de la police, qu'aucune maison respectable d'armements n'a jamais songé à critiquer.

ARTICLE 23

La prime stipulée dans la police est indépendante des augmentations qui pourront être dues pour des navigations spécialement dangereuses ou des saisons d'hivernage.

Ces augmentations sont fixées par le tarif de la place.

Elles ne sont pas dues dans le cas de relâche forcée.

Dans tous les cas où le calcul de la prime se fait par périodes mensuelles ou autres, toute période commencée est comptée comme finie.

Certaines navigations sont notoirement

plus dangereuses que certaines autres ; les risques de la Baltique ou du Canada, l'hiver, ne ressemblent pas à ce qu'ils sont l'été. Un forfait, dans une assurance à l'année, léserait l'une ou l'autre partie. Des exclusions, qui étaient autrefois en usage, pourraient gêner singulièrement les armateurs et compromettre leurs intérêts. L'article 23, qui permet de stipuler la prime la plus faible, concilie toutes les convenances.

Article 24

En cas de perte du navire, si le capitaine en est propriétaire ou copropriétaire, il est sursis au règlement de sa part dans l'assurance, jusqu'à production du certificat constatant le résultat de l'enquête administrative à laquelle sa conduite doit être soumise.

S'il est établi, par cette enquête, que la perte est imputable à des fautes du capitaine, et si par suite son brevet lui est retiré, quoique sans imputation de dol ni de fraude, les assureurs sont valablement libérés de la part assurée du capitaine, en lui payant, par composition, 50 0 0 de l'indemnité si son brevet lui a été retiré définitivement, 75 0 0 s'il ne lui a été retiré que pour un temps.

L'article 24 ne concerne que les capitaines propriétaires, et les a vivement émus. Je ne crois pas difficile de le justifier, ni même de montrer qu'il est beaucoup plus indulgent à leur égard que le Code de commerce.

En effet, l'article 351 porte que toutes pertes et dommages provenant du fait de l'assuré ne sont point à la charge des assureurs. L'article 352 ajoute que les dommages causés par le fait et faute des propriétaires ne sont point à la charge des assureurs. Ici, le capitaine est l'assuré et le propriétaire. Les pertes qui arriveraient .par son impéritie manifeste, sa négligence ou son intempérance, le laisseraient donc sans aucun recours.

Les assureurs veulent bien cependant lui conserver un recours, et se contentent de lui infliger une pénalité. La conduite du capitaine qui a perdu son navire est soumise à une enquête, suivie d'une décision du ministre de la marine. Il faut des fautes bien lourdes pour que son brevet lui soit retiré définitivement, c'est-à-dire qu'il soit honteusement rayé du cadre des capitaines dignes d'exercer un commandement. Dans ce cas extrême et rare, les assureurs lui concèdent encore la moitié de la somme assurée. Ils lui en concèdent les trois quarts, si, sa faute étant plus légère ou le ministre plus indulgent, son brevet ne lui est retiré que pour un temps.

Encore doit-on remarquer que, d'après la rédaction très soigneusement faite de l'article 24, il ne reçoit son application que si, par les constatations de l'enquête, *la perte* elle-même est imputable aux fautes du capitaine. Le brevet pourrait être retiré pour des faits d'indignité postérieurs à la perte et qui n'auraient pas causé le naufrage. Responsables des causes du naufrage, les assureurs n'ont pas cru avoir le droit de tirer argument et profit de faits d'indignité postérieurs.

Si des capitaines propriétaires de navires

ont assez peu de confiance en eux-mêmes, en leur habileté ou en leur sobriété, pour redouter cet article 24 et repousser les dispositions de la police française, je ne pense pas que les assureurs doivent regretter d'être privés de leur clientèle.

Il est bien entendu que l'article 24 ne s'applique qu'aux fautes personnelles des capitaines, et laisse subsister la garantie des fautes des subalternes.

ARTICLE 25

Toutes pertes et avaries à la charge des assureurs sont payées comptant, trente jours après la remise complète des pièces justificatives, au

porteur de ces pièces et de la présente police, sans qu'il soit besoin de procuration.

La disposition déjà ancienne de cet article a donné lieu, dans la discussion de la police française, à quelques hésitations. Elle a été finalement maintenue, et je crois avec raison ; mais elle me paraît demander quelques explications.

Est-ce à dire que le porteur d'une police d'assurance sera en droit d'en réclamer le bénéfice par le fait seul qu'il en sera porteur ? Sera-ce un titre au porteur comme un billet de banque ou une action de chemin de fer ? Non, sans doute ; il faut remarquer, tout d'abord, que le porteur doit présenter en même temps les pièces justificatives. Ces pièces comprennent les attestations de la perte, les comptes d'avaries, et, s'il s'agit d'un délaissement, l'acte de délaissement et la transmission valable de propriété par les armateurs aux assureurs. La production des pièces justificatives suppose donc nécessairement un concert préalable entre le porteur et les armateurs, un véritable mandat exprimé à la fois par la remise des pièces et la tradition du titre.

C'est en ce sens que le porteur est dispensé d'exhiber une procuration. Le mandat est présumé, il existe, il résulte de la remise de toutes les pièces. Mais les mots mêmes : *sans qu'il soit besoin de procuration*, établissent que le porteur qui touche l'indemnité, s'il n'est pas l'*assuré* lui-même, ne la touche que comme *mandataire* et pour le compte d'autrui. Les assureurs seront valablement libérés par sa quittance, s'ils n'ont pas reçu d'oppositions ; s'ils en ont reçu, ils les laisseront juger par les tribunaux. Ils seront fondés à opposer, en compensation, les primes échues dues par *l'assuré* lui-même, ainsi qu'on va le voir sous l'article 26, et ce sera justice. Il serait intolérable que l'assuré qui refuse de payer ses primes échues, en alléguant qu'il a un sinistre à régler, échappât à la compensation en chargeant un tiers-porteur d'encaisser le montant de la police sinistrée.

L'article 25 n'est donc qu'une simplification de formalisme et la présomption d'un mandat. Ce n'est pas sans quelque importance pour le commerce, toujours désireux d'épargner les formalités ; mais ce n'est pas autre chose, et l'on se tromperait si l'on voyait dans la seule tradition du titre une transmission de sa propriété.

Aussi le banquier, le tiers-porteur quelconque qui voudra trouver dans le titre une garantie efficace, être à l'abri des

9

oppositions et des compensations, devra établir, par d'autres moyens, qu'il n'est pas un simple mandataire, et la meilleure garantie sera de se faire agréer des assureurs, par un avenant, comme l'*assuré* substitué.

Qu'arrivera-t-il si le titre est perdu, comme cela se voit après un naufrage, certains capitaines ayant l'imprudence d'emporter avec eux l'original de la police ? Le cas n'est prévu nulle part. La pratique commerciale supplée au silence des lois et de la police. Si les assurés sont d'une solvabilité notoire, les assureurs se contentent de leur garantie. Ils demandent la garantie supplémentaire d'une caution, si la solvabilité est douteuse. La caution court infiniment peu de risques, précisément parce que, ainsi que je l'ai dit, le porteur du titre doit présenter en même temps les pièces justificatives. D'ailleurs, la prescription de cinq ans sera bien vite acquise. Le porteur illégitime du titre nu, trouvé ou volé, n'en pourrait tirer aucun parti, et se trahirait en essayant de se procurer les pièces justificatives.

Nous reverrons, dans la police française sur marchandises, une disposition identique à l'article 25, et le lecteur pourra être surpris que je lui attribue une portée un peu différente. La différence est dans la nature des choses. Le navire n'est pas destiné à changer de propriété au cours de l'assurance. La meilleure preuve en est qu'ainsi qu'on va le voir sous l'article 28, la vente fait cesser l'assurance. Il est donc conséquent que la police, en quelques mains qu'elle se trouve, soit présumée être toujours pour le compte de l'armateur assuré, dont le porteur n'est que le mandataire. La marchandise, au contraire, doit pouvoir changer de propriétaire avec une extrême mobilité, sans que l'assurance cesse jamais de la couvrir. On cite des exemples de cargaisons flottantes qui, dans les fluctuations du commerce, ont été vendues et revendues jusqu'à dix et vingt fois. Le connaissement endossé est pour le porteur le titre de propriété ; la police d'assurance y est jointe ; le porteur de la police et du connaissement devient *l'assuré* lui-même.

Il suit de là que, le sinistre éclatant, c'est lui qui a seul, à l'exclusion de tous autres et directement, droit à toucher l'indemnité ; c'est lui qui est *l'assuré*. La force des choses, les nécessités du commerce l'exigent ainsi. Si, ne résidant pas au domicile des assureurs, il veut faire toucher l'indemnité par un correspondant, il lui remettra la police et les pièces justificatives. Le porteur touchera sur sa quittance, *sans qu'il soit besoin de procuration*, mais touchera en qualité de mandataire présumé, exactement comme le porteur de la police d'assurance sur corps.

ARTICLE 26

Lors du remboursement d'une perte ou d'une avarie, toutes primes échues et non échues, dues par l'assuré, sont, en cas de faillite ou de suspension de paiements, compensées, et les billets acquittés donnés et reçus pour comptant.

S'il n'y a pas faillite ni suspension de paiements, les assureurs n'ont droit de compenser que la prime, même non échue, de la police objet

9.

de la réclamation, et toutes autres primes échues.

Les assureurs, en France, font presque toujours crédit aux armateurs, pendant un an ou davantage, du montant des primes ; encore s'en faut-il bien que les primes soient payées exactement aux échéances comme des effets de commerce. Si un armateur, qui a plusieurs navires assurés, apprend que l'un d'eux a fait naufrage ou éprouvé des avaries, il s'abstient de payer les primes échues, même celles de ses autres navires. Il allègue que ce sera l'objet d'une compensation, lors du règlement du sinistre. Telle est la pratique, incorrecte sans doute, mais incontestable, et bien mal venus seraient les assureurs qui exerceraient des poursuites pour une prime, alors qu'ils connaîtraient une perte. Dans l'intervalle des échéances au règlement, l'armateur peut tomber en faillite ; sera-t-il juste que les assureurs paient la perte, et ne reçoivent les primes dues qu'en monnaie de faillite ?

S'il y a des primes non échues, c'est qu'il y a des risques non terminés. Il conviendra aussi de les compenser pour maintenir l'assurance des risques au profit de la masse et dispenser d'une caution.

L'article 26 y a pourvu, et tant que les polices n'ont pas changé de mains et sont restées en possession de l'armateur ou de la faillite, ses dispositions sont très sages. Mais si des polices ont été cédées à un tiers-porteur de bonne foi, quand l'armateur paraissait encore *in bonis*, il sera dur, pour le tiers-porteur qui en réclamera le bénéfice, qu'on lui oppose, en compensation, des primes dues pour d'autres navires, par un armateur devenu insolvable. Aussi le cessionnaire fera prudemment de lire l'article 26 et de se faire agréer *comme assuré* nominativement, par un avenant, ainsi que je le disais ci-dessus. Il échappera ainsi au danger que je signale.

ARTICLE 27

En cas de faillite ou de suspension notoire de paiements de l'assuré, ou en cas de non paiement de la prime échue les assureurs, après sommation restée infructueuse faite au domicile de l'assuré d'avoir à payer ou fournir caution valable dans les vingt-quatre heures, peuvent annuler à partir des dernières nouvelles, par une simple notification, toute

assurance en cours désignée dans l'exploit, en déclarant renoncer à la prime proportionnellement à la durée des risques restant à courir, les assureurs demeurant créanciers du surplus, plus des frais d'enregistrement et de signification.

Cet article amende et développe l'article 346 du Code de commerce, dont la rédaction sommaire est très défectueuse. Il est clair que les assureurs ne peuvent pas courir des risques sans avoir un garant solvable de la prime. Pendant qu'on plaiderait sur une demande de caution, et qu'on ajournerait la cause de huitaine en huitaine, une dépêche télégraphique pourrait apporter la nouvelle de la perte ou de l'arrivée du navire. Ce sont choses à régler dans les vingt-quatre heures, et les dispositions de l'article 27, qui obligent à précipiter la solution, sont très équitables.

ARTICLE 28

La vente publique du navire fait cesser de plein droit l'assurance au jour de la vente.

L'assurance continue de plein droit, en cas de vente privée s'appliquant à moins de moitié de l'intérêt assuré.

En cas de vente privée s'appliquant à moitié au moins de l'intérêt, et mentionné sur l'acte de francisation, l'assurance de l'intérêt vendu ne continue que si l'acquéreur l'a demandé

aux assureurs et a été agréé par eux.

La personnalité des armateurs est certainement un des principaux éléments de l'appréciation du risque. Il y a des maisons respectées dont les assureurs garantissent volontiers tous les navires, même vieillis. Mais s'il survient un changement dans la propriété, si, par exemple, les armateurs se débarrassent de leur plus vieux navire par une vente publique, le risque est dénaturé, il ne peut plus qu'être l'objet d'une négociation nouvelle, et les assureurs ne sauraient être tenus d'accepter comme client l'acquéreur quelconque, inconnu ou suspect. L'article 28 répond donc à une pensée de justice et à une nécessité professionnelle. Il est rédigé de manière à ne pas gêner les mutations partielles qui ne changeraient pas la direction effective de l'armement.

ARTICLE 29

Par application de l'article 365 du Code de commerce, les assurés et les assureurs sont toujours présumés avoir reçus connaissance immédiate des nouvelles concernant le navire assuré qui sont parvenues au lieu où ils se trouvent respectivement, même à des tiers inconnus d'eux, par un journal, une lettre, une dépêche, un exprès, ou de toute autre manière.

En conséquence, l'assurance est nulle s'il est justifié que la nouvelle

de l'arrivée du navire, ou d'un sinistre le concernant, était connue, soit
au lieu où se trouvait l'assuré, avant
l'ordre d'assurance donné, soit sur
la place du domicile de l'assureur,
avant la signature de la police, sans
qu'il soit besoin d'administrer aucune
preuve directe de connaissance acquise de la nouvelle par l'assuré ni
l'assureur.

Quiconque, après avoir donné de
bonne foi un ordre d'assurance, apprend un sinistre concernant le navire avant d'être avisé de l'exécution,
est tenu de donner aussitôt contre-
ordre, même par le télégraphe, à
peine de nullité de la police, laquelle
sera maintenue si le contre-ordre
ainsi donné n'arrive qu'après l'exécution.

Il est entièrement dérogé aux arti-

cles 366 et 367 du Code de commerce.

Cet article a une très grande importance pour les assurances sur marchandises, dont les ordres sont souvent transmis par le télégraphe, alors que le navire est en mer et que les risques ont commencé. Il en a extrêmement peu pour les assurances sur corps de navire, auxquelles on a toujours le loisir de pourvoir avant le commencement des risques. Aussi je renvoie au commentaire de la police française sur marchandises les considérations que j'ai à présenter à ce sujet.

ARTICLE 30

Tous droits réciproquement réservés, l'assuré doit et l'assureur peut,

dans les cas de sinistres, veiller ou procéder au sauvetage ou au renflouement du navire, prendre ou requérir toutes mesures à cet effet, sans qu'on puisse opposer à l'assureur d'avoir fait acte de propriété. L'assureur peut notamment faire remorquer à ses frais le navire assuré.

L'assuré est responsable de sa négligence à prévenir les assureurs ou leurs agents, ou à prendre lui-même les mesures de conservation, ainsi que des obstacles qu'il apporterait à l'action des assureurs.

L'article 388 du Code de commerce, prévoyant le cas où le navire est arrêté par ordre d'une puissance, enjoint aux assurés de faire toutes diligences qui peuvent dépendre d'eux, afin d'obtenir la main-levée des effets arrêtés. Mais le législateur, sachant bien que l'intérêt est le meilleur stimulant des démarches actives et redoutant la négligence des assurés, ajoute aussitôt : « Pourront de leur côté les assu- « reurs, ou de concert avec les assurés, ou « séparément, faire toutes démarches à « même fin. »

Cette dernière disposition n'est pas reproduite ailleurs par le Code. L'article 381 dit bien : « En cas de naufrage ou d'é- « chouement avec bris, l'assuré *doit*, sans « préjudice du délaissement à faire en « temps et lieu, *travailler* au recouvre- « ment des effets naufragés. » Il n'ajoute pas que, de concert avec l'assuré ou à son défaut, les assureurs pourront agir.

C'est une lacune manifeste, et il n'y aurait aucun motif quelconque de ne concéder aux assureurs que pour le seul cas très rare d'arrêt de puissance la faculté de se protéger eux-mêmes. Les mêmes raisons existent dans tous les cas. Alors que les assureurs sont les véritables intéressés au salut des choses, alors que trop souvent les assurés ont l'intérêt contraire, il serait irrationnel et immoral de refuser aux assureurs le droit de pourvoir aux mesures de salut, à leurs frais et risques.

L'article 30 de la police est donc la généralisation logique et morale de la pensée qui a inspiré le second paragraphe de l'article 388 du Code de commerce. Il n'était pas inutile de l'exprimer. A défaut de cette disposition générale, on a vu, de la part de certains capitaines, des résistances scandaleuses à l'action des assureurs. Je veux croire que, chez plusieurs, ce n'était qu'une manière de comprendre leurs obligations personnelles et un sentiment exagéré de leur responsabilité. Chez d'autres, je le crains, le mobile était moins avouable.

Il est à propos de faire remarquer, d'ailleurs, que les assureurs français sont organisés en syndicats ou comités, précisément en vue de centraliser et d'accélérer les opérations de sauvetage. Ils ont des moyens qui manquent aux capitaines et aux armateurs isolés ; ils ont des agents expérimentés qu'ils envoient en toute hâte sur le lieu d'un naufrage ; ils peuvent prendre des initiatives, exposer ou avancer des frais. Quand, par exemple, on apprend au Havre qu'un navire est échoué sous les feux de la Hève ou sur les récifs du Calvados ; quand tout dépend d'une marée et de l'urgence d'une assistance ; quand un simple échouement peut se convertir en une perte totale du navire et de la cargaison, le comité des assureurs s'empresse d'expédier un agent à bord d'un remorqueur affrété aux frais des assureurs. Se figure-t-on le capitaine du navire échoué repoussant l'assistance si opportunément offerte et s'obstinant à procéder seul au renflouement? Il est triste de dire qu'on connaît de semblables exemples.

Le comité des assureurs de Paris a envoyé à grands frais des agents dévoués jusqu'en Amérique, jusqu'au Japon. L'un d'eux, le capitaine Morel, a ramené de Porto-Rico au Havre un vapeur désemparé de son hélice, *le Cadix*, qui allait être vendu à vil prix dans cette colonie. Un autre, le capitaine Giron, a relevé sur les côtes de la mer Rouge un vapeur échoué, *le Tromp*.

Est-ce qu'il est possible de demander à des assurés de telles dépenses, de telles initiatives? Non, sans doute ; mais ils ne sauraient sans scandale faire obstacle aux mesures de salut prises par les assureurs.

La disposition générale de l'article 30 est donc excellente ; elle trouve son complément et sa sanction nécessaire dans le second paragraphe, qui rend l'assuré responsable des obstacles qu'il susciterait.

ARTICLE 31

Les taxes, timbres et coût des polices sont à la charge des assurés.

Des lois fiscales taxent les polices d'assurances.

Il est parfaitement juste que ces taxes soient à la charge des assurés, et c'est même d'ordinaire exprimé par la loi.

ARTICLE 32

Compétence. — **Si plus de moitié de la valeur agréée du navire est assu-**

rée sur un même lieu, l'assuré peut assigner devant le tribunal de ce lieu, déjà saisi d'un litige, les autres assureurs pour faire juger à leur égard le même litige.

Hors le cas ci-dessus, les assureurs ne peuvent être assignés que devant le tribunal de Commerce du lieu où le contrat a été souscrit, l'assuré y faisant élection de domicile, ou, au choix de l'assuré, si le contrat a été souscrit par un agent ou mandataire, devant le Tribunal de Commerce du siège de la Compagnie ou du domicile de l'assureur.

Il est dérogé aux dispositions du Code de procédure civile qui seraient contraires à celles du présent article.

L'article final n° 32 vient d'être introduit dans la dernière édition de la police française, afin de déjouer ce qu'il est permis d'appeler une véritable manœuvre. Un armateur s'efforçait de soustraire ses assureurs à leurs juges naturels et de les contraindre de venir plaider devant le tribunal de son propre domicile, au mépris de l'article 59 du Code de procédure civile. Il espérait y exercer plus d'influence sur les juges, et tout au moins il soignait plus commodément son procès sans se déranger. La manœuvre a réussi, grâce à la complaisance d'une jurisprudence qui, dans ma conviction très vive, violait la loi et les principes.

Voici comment on s'y prenait. Je citerai l'exemple le plus ancien qui me soit connu, celui qui a été invoqué constamment depuis, parce qu'il a eu l'autorité d'un fâcheux arrêt de la Cour de cassation.

Un armateur de Toulon possédait un navire estimé 75,000 francs, le *Louis-Éli-*

sabeth. Toulon n'est pas une place d'assurances. Aucun assureur n'y était domicilié. L'armateur était donc bien obligé de faire assurer son navire au dehors.

Toutefois, une compagnie de Paris était représentée à Toulon par un agent. Que fait l'armateur ? Il convient avec l'agent qu'il lui réservera un solde de 15,000 francs sur l'évaluation de 75,000, aux conditions qui seront traitées à Paris, et il envoie à Paris à un courtier un ordre d'assurance de 60,000 francs.

L'assurance est en effet contractée à Paris pour 60,000 francs, par six compagnies, et alors, par une police postérieure de cinq jours à celle de Paris, l'agent souscrit à Toulon le solde de 15,000 francs.

Le navire éprouve un accident à la suite duquel un litige éclate, et l'armateur assigne tous ses assureurs devant le tribunal de commerce de Toulon.

Les assureurs de Paris contestent la compétence. Le tribunal de Toulon, par un jugement, se déclare compétent. Appel est interjeté. La Cour d'Aix confirme le jugement. Il y a pourvoi. Le pourvoi est rejeté par un arrêt de la Chambre des Requêtes du 9 décembre 1850. Les assureurs de Paris ont dû plaider à Toulon.

L'arrêt de la Cour d'Aix est appuyé à la fois sur l'article 59 et sur l'article 171 du Code de procédure civile. L'arrêt de la Chambre des Requêtes, sentant sans doute combien était faible ou plutôt inapplicable l'argument d'une prétendue connexité, n'a visé que l'article 59. Dans le commentaire d'une convention qui déroge expressément, en tant que de besoin, aux deux articles supposés contraires à la convention, ce n'est pas le lieu de discuter en elle-même la doctrine de l'arrêt d'Aix ni celle de l'arrêt de la Chambre des Requêtes. Je l'entreprendrai peut-être ailleurs. Je crois que je n'aurai pas de peine à démontrer combien cette doctrine est erronée.

Certainement, si l'armateur de Toulon se trouvait, en fait, adresser à sept compagnies d'assurances sept demandes semblables, il n'y avait pas *plusieurs défendeurs* à une même demande. Les sept demandes, de sommes différentes, étaient distinctes et individualisées, comme les sept obligations des sept compagnies, entre lesquelles n'existait aucune solidarité, ni même aucun lien de droit. Chacune des sept compagnies était libre d'acquiescer à la demande ou d'y résister, et d'y résister par des moyens différents; chacune, sans consulter les autres, était libre de régler séparément pour sa part, de traiter, transiger ou compromettre, — et l'on a de nombreux exemples d'une Compagnie d'assurances se séparant ainsi des autres. En réalité il y avait sept contrats. Il faut une étrange préoccupation et une optique bien trompeuse pour voir là, suivant l'expression de l'article 59, plusieurs défendeurs à la même demande.

Quant à l'article 171, l'optique est, s'il est possible, plus trompeuse encore. Il a fallu ne pas le lire. Le voici : « S'il a été « formé *précédemment*, en un autre tribu- « nal, une demande pour le même objet, « ou si la contestation est connexe à une « cause déjà pendante en un autre tribu- « nal, le renvoi pourra être demandé et « ordonné. » Pas un seul mot n'est appli- cable, de près ni de loin, à l'espèce. Il n'y avait pas de demande précédemment for- mée en un autre tribunal, il n'y avait pas de connexité, il n'y avait pas de partie demandant son renvoi devant un tribunal déjà saisi. L'article 171 est une faculté offerte à une partie dans certains cas dé- terminés, ce qui n'a aucun rapport avec l'exception opposée d'incompétence à raison du domicile.

La Cour d'Aix s'était donc, en droit, doublement trompée. Je me plais à montrer l'iniquité choquante du résultat dans l'espèce. Les contrats de Paris étant antérieurs en date ont existé seuls pendant cinq jours. Le tribunal de Paris était seul compétent, le tribunal de Toulon incontestablement incompétent. Par un acte libre, postérieur, étranger aux assureurs de Paris, l'armateur fait assurer un solde de 15,000 francs, qui aurait pu être de 1000 francs, à Toulon, à son domicile. Voici que cela lui suffit pour détruire la compétence du tribunal de Paris et pour attirer devant les juges de son domicile, ces juges qui n'entendent rien aux questions d'assurances et n'ont jamais à les résoudre, les assureurs dont il était allé rechercher à Paris la garantie.

La manœuvre est tentante. Il est à ma

connaissance qu'elle a été conseillée. Ayez soin, a-t-il été dit à des armateurs, de vous réserver un petit solde que vous ferez assurer chez vous par quelque agence, gérée par quelque ami. Moyennant quoi vous pourrez détruire les règles de la compétence et, sous prétexte de connexité, ou d'une autre subtilité de chicane, contraindre tous vos assureurs à venir plaider chez vous. Ainsi l'a décidé un arrêt de la Chambre des Requêtes du 9 décembre 1850.

Et la manœuvre, que j'appelle déloyale quand elle est une manœuvre, a été employée. Et d'autres cours et tribunaux ont suivi la jurisprudence dudit arrêt. Et les assureurs de Paris, enlevés à leurs juges naturels, ont dû aller plaider de hautes questions d'assurances maritimes devant les hautes magistratures, plus complaisantes que compétentes, de Toulon, de

Port-Vendres, de Vannes ou de St-Valery-en-Caux.

C'était intolérable et singulièrement irritant. Les assureurs de Paris ont voulu corriger ce désordre. D'abord ils avaient pensé à n'attribuer compétence exclusive, par le moyen d'une élection de domicile, qu'au seul tribunal du lieu où le contrat est signé. Ils ont réfléchi que, dans certains cas, ceci pouvait être aussi un excès et un désordre.

D'une part, en effet, quand le contrat a été signé par un agent, par un mandataire, les assurés doivent pouvoir assigner, à leur choix, la Compagnie d'assurances, soit au lieu où le contrat a été signé, soit au siège même de la Compagnie. Il n'y a aucune raison de principe ni de pratique pour que la Compagnie décline la compétence du tribunal du lieu où elle a son siège et son domicile principal.

D'autre part, l'espèce du petit solde signé dans un port de mer, au domicile de l'armateur, est très souvent retourné. Le Havre, Nantes, Bordeaux, Marseille sont des places importantes d'assurances. Les armateurs cherchent d'abord à se faire assurer chez eux, et rien n'est plus légitime. Quand ils ont épuisé les ressources de la place, épuisé du moins les signatures qui leur inspirent confiance, ils envoient le solde au dehors et d'ordinaire à Paris. C'est très fréquent, surtout depuis que les navires à vapeur ont des valeurs considérables.

Je renverse donc l'hypothèse. Sur un vapeur de Bordeaux de 600,000 francs, 550,000 francs sont assurés à Bordeaux, le solde de 50,000 francs est assuré à Paris. Un litige éclate et tous les assureurs sont d'avis de résister à la même demande. Convient-il que l'armateur soit obligé de plaider, simultanément ou successivement, à Bordeaux et à Paris ?

Je suis très médiocrement touché de l'argument que j'ai entendu présenter quelquefois, et comme une sorte d'argument d'ordre public : l'inconvénient, pour la dignité de la justice, de décisions contradictoires. Je ne puis pas faire que les décisions et les appréciations des hommes ne se contredisent pas très souvent. La Cour de Cassation est là pour rétablir l'unité de la jurisprudence, et combien de fois ne se contredit-elle pas elle-même ! A cet argument, qui est un peu de sentiment, j'en opposerais un autre, sans prétendre qu'il fût meilleur. Il peut être bon que la même question soit soumise à deux tribunaux différents, qui se contrôlent et y apporteront d'autant plus d'attention que l'erreur qui aurait échappé à l'un n'échapperait pas à l'autre. Rien d'ailleurs ne saurait empêcher un armateur qui aurait cette fantaisie processive d'assigner successivement tous ses assureurs, signataires de la même police, et de poursuivre autant de jugements qu'il aurait d'assureurs. Cette observation, pour le dire en passant, achève de ruiner la fausse doctrine de la prétendue connexité.

L'argument de principe est donc mauvais. Mais l'argument de bon sens et de pratique commerciale est excellent. Il vaut mieux n'avoir qu'un seul procès. Il convient que les assureurs de Paris qui garantissent un solde de 5o,ooo francs acceptent la juridiction du lieu où 55o,ooo francs sont assurés et puissent être assignés à Bordeaux.

C'est ce qu'exprime le nouvel article 32 de la Police française. Le tribunal du lieu où aura été assuré *plus de moitié* de la valeur agréée du navire pourra être saisi

du litige à l'égard des assureurs domiciliés
ailleurs. C'est une exception équitable et
bienveillante à la loi du domicile.

Si *plus de moitié* n'est assuré nulle
part, point d'exception, la loi du domicile
demeure entière. L'armateur ne doit s'en
prendre qu'à lui-même d'avoir ainsi dis-
persé et disséminé ses assurances. Probablement son risque était mauvais et peu
recherché, ou il poursuivait âprement l'é-
conomie de la prime la plus basse. Il est
averti, il s'expose à soutenir autant de procès qu'il a d'assureurs. *Patere legem quam
ipse fecisti*.

Il est averti, dis-je. Il lui reste la ressource de la convention dérogatoire. Que
l'armateur de Bordeaux obtienne de ses
divers assureurs de Paris et du Havre la
convention que ceux-ci acceptent la juridiction de Bordeaux, ce sera parfaitement
licite. On a de très fréquents exemples

d'assureurs étrangers acceptant bien plus qu'une juridiction, acceptant d'avance tout règlement de perte ou d'avarie, tout arrangement même qui sera fait avec d'autres assureurs. C'est un témoignage de confiance, c'est une pratique commerciale qui facilite beaucoup les affaires. Mais si les assureurs de Paris et du Havre ont refusé d'accepter la juridiction de Bordeaux, il est intolérable et il est injuste qu'une subtilité de chicane, au service d'une manœuvre peu loyale, les contraigne d'aller plaider à Bordeaux.

Le nouvel article 32 de la police française déjoue cette manœuvre. Loin d'être contraire à aucun principe de droit, il se conforme au principe du domicile. Il est équitable, il est honnête et respectueux de la liberté des conventions.

LA FORMULE SUPPLÉMENTAIRE

APPLIQUÉE A L'ASSURANCE DES BATIMENTS A VAPEUR

POUR UNE ANNÉE DE NAVIGATION

Malgré les modifications successives qui ont été introduites dans le texte de la police française sur corps, elle a gardé une sorte de vice d'origine. Le cadre était ancien et a été conservé. Il a été fait pour la navigation à voiles, pour des navires construits en bois. C'était la seule navigation connue de nos devanciers. Or il est arrivé que cette navigation a de plus en plus perdu de son importance. C'est un fait d'observation partout, peut-être plus particulièrement en France qu'ailleurs. A l'exception des armements de pêche, pour lesquels même on commence à essayer la vapeur, nous ne possédons plus, en fait de navires en bois, que le résidu d'un vieux matériel qu'on achève d'user, sans le remplacer. Les chantiers de construction sont déserts ou ont disparu. La véritable navigation est aujourd'hui la navigation à vapeur, pour laquelle n'a pas été faite la formule de la police.

C'est l'ouverture du Canal de Suez qui a précipité cette transformation de l'industrie maritime.

L'industrie ne s'arrête pas. La construction du bâtiment à vapeur et de son mécanisme subit elle-même de rapides transformations. Les ingénieurs sont constamment à la recherche de la solution de deux problèmes : augmenter la vitesse, diminuer les frais et la consommation du charbon. En bien peu d'années, un bâtiment à vapeur devient presque lui-même un meuble de rebut, déprécié de plus de moitié.

Voici qu'on recherche le moteur électrique, ce qui serait une révolution nouvelle.

Juste à l'antipode de cette pensée, d'autres ingénieurs s'appliquent à utiliser encore le vieux moteur qui ne coûte rien, l'Éole de la mythologie, le vent. On construit des navires à voiles en fer à quatre mâts, à cinq mâts, de 3000 ou 4000 tonneaux. On n'a certainement pas la prétention de les substituer, pour le transport des passagers et des correspondances, aux bâtiments à vapeur de grande vitesse. Mais de bons esprits pensent que pour le transport des marchandises encombrantes, des blés, des charbons, des minerais, des nitrates, des guanos, etc., il y a tout un avenir dans cette transformation de la navigation à voiles. Je suis frappé de la vaillance d'une très honorable et intelligente maison d'armements de Bordeaux, MM. Ant. Dom. Bordes et fils, qui exploitent une superbe flotte de ces grands navires d'un nouveau modèle et semblent protester résolument contre l'invasion de la vapeur.

On construit aussi des navires spécialement appropriés au transport des pétroles. On construit des dragues qui se rendent par leurs propres moyens aux extrémités du monde. Et je ne parle pas ici des engins de la marine de guerre, des cuirassés, des torpilleurs ni des monitors.

Quand tout change, et si rapidement, comment les assureurs espéreraient-ils fixer d'une manière définitive et *ne varietur* les conditions générales d'une formule de police ?

Celle que je commente a gardé trop de traces de ce qu'était l'ancienne navigation, par des navires à voiles construits en bois.

Elle est trop longue, et elle est loin cependant de pourvoir à tous les besoins. Déjà l'usage s'est établi d'avoir une formule spéciale pour les risques de pêche, d'autres formules supplémentaires pour l'assurance des navires garantis pendant une année de navigation. Quant à l'assurance des marchandises, il y a aussi la police spéciale sur liquides, la police spéciale sur titres et valeurs, la formule particulière des polices d'abonnement de l'exportation. Je veux dire ici quelques mots de la formule supplémentaire concernant les assurances sur corps de vapeurs pour une année de navigation.

Lorsque fut promulguée la première loi sur l'hypothèque maritime, les assureurs crurent devoir se protéger par la clause suivante qui fut ajoutée à toutes les polices :

« Toute hypothèque maritime grevant
« l'intérêt assuré, au moment de la signa-

« ture de la police, doit être déclarée dans
« le contrat, à peine de nullité de l'assu-
« rance.

« L'assurance sera également frappée de
« nullité, mais seulement pour le temps
« restant à courir, si, pendant la durée des
« risques, il est contracté un emprunt hypo-
» thécaire sur l'intérêt assuré.

« Les dispositions des deux paragraphes
« qui précèdent s'appliquent même à l'hy-
« pothèque facultative dont réserve serait
« faite conformément à l'article 26 de la
« loi du 10 décembre 1874. »

Cette clause causa une assez vive irrita-
tion chez certains armateurs, plus encore
peut-être chez les sociétés de crédit qui
s'établissaient pour faire aux navires des
prêts hypothécaires. On prétendait que
c'était une espèce d'insurrection des assureurs français contre la loi nouvelle dont
ils voulaient détruire le bienfait. On vou-

lait bien s'étonner de ce que j'eusse été dans le Comité des assureurs de Paris, l'inspirateur de la clause, après avoir été, dans les Commissions extra-parlementaires de 1865 et de 1873, l'inspirateur de l'hypothèque maritime elle-même.

J'accepte pleinement la responsabilité de ces deux initiatives, sans les trouver contradictoires.

Il est très vrai que j'ai insisté, dans la Commission de 1865, pour qu'on remplaçât par l'emprunt hypothécaire l'ancien moyen de crédit de l'emprunt à la grosse aventure fait par les armateurs, absolument tombé en désuétude. La nouvelle institution est, sous tous les rapports, préférable et je ne me repens pas de l'avoir conseillée. Mais je ne me faisais dès lors aucune illusion sur le peu d'efficacité du moyen pour rendre prospère en France l'industrie des armements. Si j'avais eu des illusions, elles auraient été nécessairement dissipées en 1874, lors du vote de la loi. Ce n'est pas moi, ce sont les armateurs qui proclamaient tous à l'envi, en implorant des subsides de l'Etat, que la marine commerciale française était aux abois, impuissante à soutenir la concurrence des pavillons étrangers. Or, des emprunts ne sont utiles à une industrie que si elle rapporte par elle-même assez de profits pour faire face au service des intérêts et aux échéances de remboursement du capital. Autrement, l'emprunteur s'obérant de plus en plus, sa ruine est accélérée et elle est inévitable.

Il en est de l'industrie maritime comme de l'agriculture. On a beaucoup écrit et discouru sur les mérites du crédit agricole. C'est un cercle vicieux. Il faudrait commencer par rendre l'agriculture productive, afin que le cultivateur pût supporter la charge des intérêts et rembourser la dette. Sinon, le cultivateur qui emprunte précipite son désastre.

L'assurance est chose de confiance et d'appréciation des risques. On sait la vérité du proverbe que la confiance ne se commande pas. On ne peut pas exiger que j'aie confiance dans un armateur besoigneux et obéré. Le moins que je redoute est que le navire sera mal entretenu, sera équipé, armé, réparé avec parcimonie. Je serai inquiet du paiement de la prime. Je craindrai aussi que la perte consommée du navire n'apparaisse comme la seule chance de salut et de liquidation aux dépens des assureurs. Et qu'on n'oublie pas qu'au temps de la marine à voiles, le capitaine était très souvent l'armateur ou intéressé dans la propriété du navire. Je ne veux pas qu'il puisse hypothéquer son navire à mon insu ni pour une somme que j'ignore. Averti, je saurai apprécier si la somme ne

me semble pas exagérée, et s'il me convient
de souscrire ou de maintenir l'assurance,
nonobstant l'emprunt hypothécaire. Il n'y
a rien de plus légitime que cette précaution
et c'est d'ailleurs la liberté des conventions.

En 1881, les doléances des armateurs
aboutirent enfin à l'obtention de subventions de l'Etat, accordées aux constructions
navales et aux armements du long cours.
Ce fut le signal d'un mouvement assez
accentué d'extension de notre matériel
naval, mouvement qui s'est arrêté vite et
qui se porta exclusivement sur la navigation à vapeur. Les assureurs crurent devoir
le seconder et donner une satisfaction à
l'opinion en supprimant, pour la navigation
à vapeur, la clause que j'ai transcrite plus
haut. Il est vrai de dire que les motifs de
la conserver sont beaucoup moins puis-
sants quand il s'agit de bâtiments à va-

peur. Ces bâtiments appartiennent presque tous à des Compagnies qui rendent des comptes et dont le crédit a une notoriété. Ils ne sont jamais commandés par un capitaine propriétaire et personnellement obéré.

J'engage vivement les assureurs à maintenir la clause pour les navires à voiles. C'est à peine si le conseil est aujourd'hui utile. Les navires à voiles ont si peu de valeur vénale et sont un si mauvais gage qu'on ne trouverait pas de capitalistes assez téméraires pour leur faire des prêts hypothécaires de quelque importance.

La formule supplémentaire divise la valeur agréée du bâtiment à vapeur en deux capitaux distincts, dont l'un est la valeur du navire lui-même, l'autre celle de son mécanisme. De là une première conséquence favorable aux armateurs. La franchise est sensiblement diminuée lorsque, ce qui arrive très souvent, les avaries particulières atteignent seulement soit le navire, soit le mécanisme.

La formule porte en outre que le délaissement du corps donne droit à celui des machines. C'est encore une condition très favorable aux armateurs et qui a paru équitable. Quand le navire est frappé d'innavigabilité, la machine peut-à la vérité être intacte, mais elle est sans emploi utile pour les armateurs. Il est difficile d'exiger d'eux qu'ils construisent tout exprès un navire afin d'utiliser la machine. L'accessoire suit donc le sort du principal.

Des armateurs ont demandé que, réciproquement, le délaissement de la machine pût entraîner celui du navire. Ils l'ont quelquefois obtenu, grâce aux excitations de la concurrence. J'engage vivement les assureurs prudents à ne jamais consentir cette clause dérogatoire à la formule. Elle est grosse de dangers et de litiges, et elle n'est pas équitable. Ce n'est pas au principal à suivre le sort de l'accessoire. On pourrait toujours soutenir que la machine serait hors d'usage et irréparable au port de relâche, faute d'ateliers pour remplacer l'hélice enlevée, l'arbre de couche rompu, la chaudière éclatée. Au gré de leur intérêt, des armateurs délaisseraient le navire alors que le navire pourrait aisément être ramené à la voile ou remorqué. Les abus de la clause réciproque seraient intolérables.

La formule porte ensuite :

« Il est permis au vapeur d'entrer dans
« tous ports, rades et rivières et d'en sortir
« sans pilote ; de faire tous remorquages
« et sauvetages, de se faire remorquer lui-
« même, comme aussi de naviguer soit à
« la voile, soit à la vapeur, ensemble ou
« séparément. Permis d'embarquer des
« hommes, des chevaux, du matériel et

« toute espèce de munitions de guerre,
« ainsi que de charger sur le pont. »

Les armateurs ne se plaindront pas que ces conditions ne soient pas suffisamment libérales. Si absolue que soit la manière dont elles sont exprimées, ce serait une erreur de croire que les facultés octroyées fussent illimitées. Comme toutes les conventions, elles doivent se renfermer dans les limites de la bonne foi. Il est bon d'avoir toujours présentes à l'esprit les deux admirables propositions de l'article 1134 du Code civil : « Les conventions tiennent lieu de loi à « ceux qui les ont faites. *Elles doivent être* « *exécutées de bonne foi.* »

Je prends pour exemple l'autorisation de faire *tous remorquages et sauvetages.* Il pouvait arriver, il était arrivé quelquefois qu'un capitaine timoré, ayant à se porter au secours d'un navire en détresse, se troublait, craignait d'engager sa responsabilité

et de compromettre les droits de ses armateurs vis-à-vis des assureurs, en se détour-
nant de sa route et en s'exposant à un péril
extraordinaire. La formule vient lui donner
un entier apaisement. Il y a là, à la fois,
question d'humanité et question d'intérêts
généraux bien entendus des assureurs. Le
navire secouru, l'épave remorquée peut
intéresser les mêmes assureurs. Le navire
assuré peut être secouru à son tour. Rien
n'arrêtera donc l'élan de l'assistance. Le
capitaine est autorisé à faire *tous remorquages et sauvetages.*

Mais s'en suit-il que, de propos délibéré,
en dehors des cas d'urgence, l'armateur
sera en droit d'employer à des opérations
périlleuses et lucratives de sauvetage le
vapeur assuré pour une navigation ordinaire ? Non. Ce pourra être une réticence
si le dessein de cet emploi a précédé l'ordre
d'assurance. Ce pourra être une fraude au

contrat si la résolution lui a été postérieure. Ce ne sera pas de la bonne foi. Il y a des vapeurs spéciaux, à puissantes machines, construits en vue des opérations de remorque et de sauvetage. On les appelle des remorqueurs. Le vapeur ordinaire ne recevra cet emploi qu'exceptionnellement et en cas d'urgence.

Il serait facile d'appliquer les mêmes distinctions aux autres dispositions du paragraphe. Les tribunaux seront juges des abus possibles de la mauvaise foi. Indépendamment de l'article 1134 du Code civil, ils n'oublieront pas cette autre admirable règle de l'article 1156 : « On doit, « dans les conventions, rechercher quelle « a été la commune intention des parties, « plutôt que de s'arrêter au sens littéral « des termes. »

La formule continue en accordant des diminutions de primes pour les séjours prolongés dans les ports d'Europe ou pour les chômages. Les assureurs n'ont pas cru devoir étendre cette concession aux ports hors d'Europe. Il s'en trouve où les navires ne sont pas plus en sécurité qu'en pleine mer. Il aurait fallu définir les ports fermés et presque se livrer à un cours de géographie. Le nom de port est parfois donné à des rades mal abritées, telles que celles de la côte de Coromandel, et avant que les assureurs n'eussent pris la résolution de limiter la concession aux ports d'Europe, auxquels ils ont ajouté ceux d'Algérie, il y avait eu des prétentions de chômage véritablement abusives.

Il était à propos de déterminer le minimum de séjour qui donnerait lieu à diminution de la prime. La formule porte trente jours, ce qui est un chômage sérieux. Les armateurs demandent souvent d'abréger ce minimum, de le réduire à vingt jours, à quinze jours, même à dix jours. Je ne saurais trop engager les assureurs à résister à ces demandes. La prime fixée pour une année de navigation est un forfait qui suppose nécessairement que le navire ne sera pas toujours en mer. Le forfait serait illusoire, le taux pourrait être réduit de moitié si l'on réduisait la prime chaque fois que le navire serait en chargement ou en déchargement dans un port.

Les assureurs ont excepté de la réduction de chômage le séjour pour réparations à leur charge. Il leur a semblé qu'ils doivent jouir de la prime entière précisément et à *fortiori* quand des avaries leur sont réclamées. Je crains que ce ne soit pas une idée juste. Un séjour prolongé pour réparations est une conséquence fatale de la fortune de mer et est lui-même une force majeure. C'est bien assez que l'armateur supporte les vivres et gages d'équipage qui ne sont plus à la charge des assureurs, et en outre éprouve le grave préjudice de l'interruption du service. Convient-il qu'il éprouve encore le préjudice de payer des primes d'assurance pendant cette interruption, pendant plusieurs mois peut-être, préjudice auquel l'assurance au voyage ne l'exposerait pas ? Je trouverais plus facile de défendre la distinction inverse, celle qui n'accorderait la réduction de chômage qu'aux séjours nécessités par une fortune de mer, la refusant aux séjours amenés par la libre volonté des armateurs ou les circonstances de l'opération commerciale.

Je me hâte de dire que ce que j'estime un peu dur pour l'assuré est fort adouci par les exceptions de l'article 17 de la police. Ainsi qu'on l'a vu, la prime ne court pas pendant les périodes d'attente qui ne sont pas employées aux travaux mêmes de réparations.

Un autre adoucissement résulte du paragraphe qui, dans la formule, suit celui du chômage. Les armateurs ont la faculté de faire cesser les risques quand le service est interrompu. Pour que ce ne soit pas une résiliation capricieuse et abusive, il est stipulé que les assureurs gardent au moins la moitié de la prime.

Puis vient une disposition très bienveillante. Les vapeurs qui chargent *en cueillette*, et c'est le cas de tous les services réguliers, ont un très grand nombre de chargeurs divers. Ils sont souvent en concurrence avec les chemins de fer. Il est importun pour la clientèle, que cela peut mécontenter et éloigner, de s'embarrasser d'un règlement de répartition de menues sommes, à l'occasion d'un accident sans gravité. Il n'y aurait aucune raison de faire cette faveur aux affrètements en bloc, pour lesquels les armateurs sont en présence d'un seul affréteur.

Enfin la formule a une dernière disposition bienveillante très appréciée des armateurs et des capitaines. Quand un abordage a eu lieu, il faut bien rechercher la faute pour établir les responsabilités. C'est une recherche déjà pénible. La faute qu'un tribunal aura reconnue a bien des degrés qui la rendront excusable ou inexcusable. Aux termes de l'article 221 du Code de Commerce, le capitaine est garant de ses fautes les plus légères. Il pourrait donc, selon le droit strict, être toujours poursuivi personnellement par les intérêts lésés ou les assureurs substitués. Pour une faute de manœuvre, la plus irrépréhensible en morale, il pourrait être ruiné, dépouillé des économies amassées pendant trente ans d'une vie honorable et honorée. C'est très dur, très inquiétant, très décourageant pour l'exercice d'une profession périlleuse. Il n'est pas à désirer que cette noble profession ne soit exercée que par des insolvables que leur insolvabilité mettrait à l'abri de poursuites personnelles. C'est si dur qu'une jurisprudence indulgente, que je ne blâme pas, sans me charger de la défendre sur le terrain du droit strict, a imaginé, afin de sauver les capitaines, de ne les déclarer responsables que *ès-qualité*, non personnellement.

Cela restait fort litigieux. Les assureurs viennent dire aux armateurs assurés : vous êtes les meilleurs juges de l'estime qu'a continué de mériter le capitaine que vous aviez choisi, que vous connaissez et que nous ne connaissons pas. Nous ne le poursuivrons que d'accord avec vous, et, si vous êtes indulgents, nous le serons nous-mêmes.

Le surplus de la formule ne concerne

que les augmentations de prime qui seront dues pour certaines navigations spéciales offrant des dangers exceptionnels.

On voit que le texte déjà bien long de la police française n'a pas suffi. L'usage a conduit les assureurs à rédiger une seconde formule supplémentaire, s'appliquant à l'assurance des bâtiments à vapeur pour une année de navigation.

POLICE FRANÇAISE D'ASSURANCE MARITIME

SUR MARCHANDISES

ARTICLE PREMIER

Sont aux risques des assureurs tous dommages et pertes qui arrivent aux choses assurées par tempête, naufrage, échouement, abordage, relâches forcées, changements forcés de route, de voyage et de navire, jet, feu, explosion, pillage, piraterie et baraterie, et généralement par tous accidents et fortunes de mer.

C'est la reproduction exacte de l'article premier de la police sur corps, sauf l'addition du mot : changements forcés... *de navire*, qui eût été un non-sens dans l'assurance sur corps, tandis qu'il exprime un des risques que courent nécessairement les assureurs des marchandises.

ARTICLE 2

Les risques de guerre civile ou étrangère ne sont à la charge des assureurs qu'autant qu'il y a convention expresse. Dans ce cas, il est entendu qu'ils répondent de tous dommages et pertes qui arrivent aux choses assurées par guerre, hostilités, représailles, arrêts, captures et molestations de gouvernements quelconques, amis et ennemis, reconnus et non reconnus, et généralement de tous accidents et fortunes de guerre.

C'est la reproduction de l'article 2 de la police sur corps. Je me borne à me référer aux observations dont il a été l'objet.

Article 3

Les assureurs sont exempts de tous dommages et pertes provenant du vice propre de la chose ; de captures, confiscations et événements quelconques provenant de contrebande ou de commerce prohibé ou clandestin ; enfin de tous frais quelconques de quarantaine, d'hivernage et de jours de planche.

On remarquera qu'il est fait beaucoup moins d'exceptions à la garantie des assureurs que dans l'assurance sur corps. La raison en est sensible. Les chargeurs sont présumés étrangers à la propriété du navire, ils ne sont pas représentés à bord par un mandataire, ils ne sont pas exposés à des responsabilités envers des tiers. Aussi, à leur égard, toute baraterie, même frauduleuse, est garantie. Cependant les armateurs chargent souvent des marchandises sur leurs propres navires. Les formules des ports du Havre, de Saint-Malo et de Nantes ne distinguant pas, et exceptant en termes généraux la baraterie frauduleuse *à l'égard des propriétaires de navires,* elles compromettent leurs intérêts de chargeurs. La police française est donc plus libérale.

L'exception du vice propre est, comme dans les assurances sur corps, trop souvent litigieuse. Ce serait pareillement poursuivre une entreprise chimérique que de chercher une rédaction qui préviendrait toutes les contestations, en une matière qui

comporte tant de nuances d'appréciation.
Il y a des marchandises qui, d'après leur
nature, sont sujettes à se détériorer, à fer-
menter, à pourrir, par le seul effet d'un
séjour prolongé dans une cale et du défaut
d'aération. Tels sont les grains, les laines
en suint, les fruits, certaines espèces de
cuirs, les cafés quelquefois. Si la traversée
a été heureuse et courte, exempte de tout
accident, de toute voie d'eau, les experts
pourront n'être pas embarrassés d'attribuer au vice propre l'état d'avarie dans
lequel sera débarquée la cargaison. Mais
le plus souvent il y a quelques contrariétés
de navigation, des gros temps, des épurins,
de l'eau aux pompes, tout au moins ce que
les rapports des capitaines, dans leur
banale rhétorique, appellent des fatigues.
L'effort des assurés est aussitôt de faire
attribuer toute l'avarie à la fortune de mer.

C'est aux experts à en dire leur avis.

S'ils sont très consciencieux et s'ils doutent, ils pourront aller jusqu'à l'analyse chimique, pour vérifier si l'on constate la pénétration de l'eau de mer. Parfois ils la constatent sur une partie seulement de la cargaison avariée, et déclarent que cette avarie d'eau de mer a été la cause de l'échauffement qui s'est communiqué à l'ensemble. La totalité de l'avarie est alors à la charge de l'assureur. D'autres fois ils assignent les deux causes, la fortune de mer et le vice propre, et déterminent dans quelles proportions elles ont concouru au dommage.

Jusqu'ici, c'est l'affaire des expertises et contre-expertises, et les parties sont bien obligées d'en passer finalement par l'appréciation des experts. Il n'y a pas, à proprement parler, de question juridique litigieuse. La question la plus grave posée par l'exception du vice propre est celle de l'inflammation spontanée. L'usage la résout ordinairement contre les assureurs. On rappelle qu'ils ont pris expressément à leur charge les risques de *l'incendie*, sans faire de distinction parmi ses causes. Je ne crois pas que ce soit la véritable ni la bonne raison. S'il était *prouvé* que l'incendie a été déterminé exclusivement par un vice propre, je ne verrais pas de motifs pour que les assureurs répondissent d'un des effets d'une cause exceptée plutôt que d'un autre, de l'inflammation plutôt que de l'échauffement, et il est clair même que l'inflammation n'est que le dernier terme de l'échauffement.

La raison juridique me paraît être qu'a-près la destruction de la marchandise, ou l'extinction de l'incendie par l'immersion, les assureurs seront presque toujours dans l'impuissance *de faire la preuve* du vice propre. L'expression de combustion *spon-*

lanée est un peu comme celle de généra-
tion *spontanée,* une locution employée pour
caractériser une production de faits internes
sans agents extérieurs connus. On n'est
jamais bien certain que la combustion ait
été spontanée ; on ignore les combinaisons
chimiques qui ont pu concourir à l'amener,
les influences atmosphériques, celles de
l'humidité causée par une voie d'eau, celles
des secousses violentes du navire, la pénétration possible d'un courant d'électricité.
La houille est une des marchandises qu'on
voit quelquefois atteintes de combustion
dite spontanée. Cependant, quand sur
plusieurs centaines de chargements de
houille partis de Cardiff un seul s'en-
flamme, est-on recevable à proclamer le
vice propre, et n'est-il pas très vraisem-
blable qu'il y a eu un agent extérieur d'inflammation ? La preuve de l'exception in-
combant à l'assureur, qui est impuissant à

la faire, il en résulte qu'il ne peut pas se soustraire à la responsabilité de la perte.

Peu après que j'écrivais, pour la première édition de mon Commentaire, les lignes qui précèdent et auxquelles je ne veux rien changer, la question de l'inflammation spontanée de la houille a pris tout à coup une importance extraordinaire, non seulement dans la jurisprudence, mais dans la science et aussi dans les préoccupations publiques. Rares autrefois, les accidents de combustion en mer sont soudainement devenus très fréquents. On a compté avec effroi le nombre des grands navires chargés de houille anglaise, soixante-dix dans une seule année, qui n'arrivaient pas à leur destination, et dont la plupart avaient disparu en mer avec tous leurs équipages. Quelques uns des équipages, faisant une rencontre opportune, avaient pu quitter le brasier flottant et être recueillis par d'autres navires. Les capitaines, dans leurs rapports, attribuaient unanimement la catastrophe à la combustion spontanée. Il ne fut plus possible de douter que les mystérieuses disparitions de tant d'autres navires chargés de houille n'eussent eu la même cause.

Ce fut en Angleterre une émotion violente. Des centaines de marins avaient péri. Indépendamment de la question d'humanité, c'était une très grosse question commerciale. Le cours des frets et des assurances pour le transport de la houille montait rapidement. Si ces alarmes continuaient ou s'augmentaient encore, on pouvait prévoir le moment où l'embarquement de la houille serait impossible, soit qu'il fût interdit par mesure législative, soit qu'on ne trouvât plus de capitaines ni de marins pour affronter de tels périls, ou qu'on ne trouvât plus d'as-

sureurs. Or, on comprend quelle perturbation c'eût été pour le commerce britannique
et aussi pour l'industrie du monde entier.

Pressé par l'émotion publique, le gouvernement institua, en 1875, une grande
commission chargée d'approfondir le pro-
blème. Les premiers chimistes de l'Angleterre furent adjoints à la commission.

Il fut bien constaté par l'analyse chimique que certains échantillons de houille
contenaient, en plus ou moins grande
quantité, des substances pyriteuses susceptibles d'amener la conflagration. Ces
substances se répartissaient très inégale-
ment dans les diverses mines ou les diverses
couches d'une même mine. Il y avait tous
les degrés du péril, degrés qui se gra-
duaient aussi en raison de la longueur du
voyage et de la masse du chargement.

Au point de vue juridique des assurances,
il devenait impossible de nier que ce ne fût

là un vice intrinsèque, un vice propre de la marchandise.

Tandis que la Commission officielle procédait à ses travaux, l'industrie privée ne s'endormait pas, étudiant, appliquant des procédés d'aération avant le chargement ou de ventilation pendant le voyage. Je me souviens qu'on proposait les assurances avec la déclaration que le navire serait muni de ventilateurs. La Commission officielle vint à blâmer les ventilateurs comme étant des soufflets qui attisaient le feu.

Il se trouva, fortuitement, qu'en même temps, sur un champ beaucoup plus restreint, une expérience non moins démonstrative se faisait en France. Une petite mine du midi expédiait par des caboteurs, sur divers points de la Méditerranée, des chargements de ses produits, qu'on appelait des lignites. Bien que les traversées fussent courtes et les masses peu considérables, la proportion des conflagrations spontanées dépassa tout ce qu'on observait en Angleterre et attesta manifestement le vice des produits spéciaux de cette mine. Quand on ne trouva plus d'assureurs à Marseille, on vint en chercher à Paris, où les lignites étaient inconnus. Un jugement du tribunal de Commerce de Marseille du 8 Mars 1875, confirmé par arrêt de la Cour d'Aix, et un jugement du tribunal de Commerce de la Seine du 22 décembre 1875, confirmé par arrêt de la Cour de Paris, prononcèrent que la combustion avait bien eu lieu par un vice propre.

Puis il arriva, je ne sais trop comment, sans que les travaux de la Commission eussent abouti à aucune mesure législative, que les alarmes se calmèrent en Angleterre. Les combustions de chargements de houille redevinrent très rares. La confiance renaissant, le taux des frets et des assurances baissa. On oublia les dangers de ces transports. Je serais tenté de croire à une de ces crises, effrayantes et passagères, comme les épidémies, comme certaines maladies des animaux et des plantes. Le charbon aurait eu sa maladie. Il paraît cependant que quelques procédés protecteurs ont été employés. Ainsi, à Cardiff qui est le principal port d'expédition, des bulletins recommandent aux capitaines de ne refermer leurs panneaux que quarante-huit heures après le chargement. Ce délai suffirait au dégagement des gaz.

Il est resté en France deux souvenirs de la crise. L'un est le double monument de jurisprudence qui a déclaré *vice propre* la combustion spontanée du charbon ; l'autre, conséquence du premier, a été l'usage qui s'est établi, lorsqu'on assure des chargements de houille, de comprendre expressé-

ment dans la garantie la combustion spontanée.

Ceci tranche incidemment, par la pratique, une question qui a étonné les juris-
consultes et que les anciens commentateurs
de l'Ordonnance et du Code de Commerce
auraient résolue en sens contraire. Est-il
licite de garantir le vice propre des choses
par dérogation à l'article 352 du Code de
Commerce et à l'article 3 de la police française ?

Pourquoi pas ? dirai-je simplement. Tout
ce qui n'est pas défendu par une loi expresse et n'est pas contraire à la morale ni
à l'ordre public est permis à la libre convention. Où est l'ordre public qui interdit
de garantir la pourriture des oranges, s'il
plaît à des assureurs de vendre cette garantie pour une prime de 10 o/o, 15 o/o ou
davantage ? Les considérations d'humanité
sont essentiellement d'ordre public, cela

n'est pas douteux, mais l'humanité serait
bien indifférente à l'assurance du vice
propre des oranges. Si le législateur estime
que les chargements de charbon sont une
grave menace pour la vie des marins, à
raison des risques de combustion spontanée, qu'il prohibe les chargements de charbon, ou qu'il les soumette à des conditions
définies d'analyse chimique, d'aération, de
ventilation, etc., dont des agents publics
constateront l'accomplissement. L'autorité
sera dans son rôle. Si elle s'abstient de
surveiller les chargements, si elle laisse le
commerce libre, il est illogique d'interdire
à d'honnêtes négociants qui viennent d'a-
cheter un chargement de charbon de faire
garantir par une assurance le risque qu'ils
redoutent.

L'article 3 excepte encore de la garantie
des assureurs les événements quelconques
provenant de contrebande ou de commerce

prohibé ou clandestin. Cela ne peut s'entendre qu'en tant que les assurés ont par-
ticipé à ces opérations illicites ; autrement
ce sont des faits de baraterie dont les assureurs sont responsables. Les frais de quarantaine, d'hivernage et de jours de planche
sont de même exceptés, mais seulement au
cours normal de l'opération, aux ports de
chargement et de destination. S'il y a
relâche forcée pour fortunes de mer, les
frais de quarantaine et d'hivernage, au
port de relâche, sont des conséquences de
la fortune de mer et sont, comme telles, à
la charge des assureurs.

On peut poser la question de savoir s'il
est permis à la convention, dérogeant à
l'article 3, de garantir les risques d'une
opération de contrebande, d'un commerce
prohibé ou clandestin. Une distinction est
ici à faire. Certainement il ne serait pas
licite de garantir les risques d'une opéra-

tion tentée en infraction *des lois françaises.*
Ce serait, sans contredit, contraire à l'ordre public. Le cas est différent si l'opération est tentée en infraction des lois d'un autre pays.

Je ne me fais pas juge, au point de vue du casuiste et selon le for intérieur, de la moralité des actes de contrebande. Il se commet tous les jours mille fraudes au préjudice des douanes des pays étrangers : fausses énonciations ou fausses déclarations de valeurs, factures simulées, marchandises précieuses, ou dont l'importation serait prohibée, cachées dans des malles de bagages ou parmi d'autres marchandises. J'incline fort à condamner, au nom de la morale, toutes les fraudes. Encore admettrais-je peut-être des exceptions. Au temps de la guerre de la Sécession, — et cela s'est vu dans la plupart des guerres des nations maritimes, — quand les ports du Sud étaient bloqués, il y avait des opérations aventureuses entreprises d'une part pour ravitailler les ports fermés, d'une autre pour acheter des cotons à bas prix. C'étaient bien des opérations prohibées et clandestines. Il ne m'est pas démontré qu'elles fussent réprouvées par la morale générale.

Mais que la conscience privée soit à cet égard plus ou moins timorée, il est certain qu'aucune répression quelconque n'atteint en France ces actes, et qu'aucune disposition de la loi ne les flétrit. Les capitaines qui auraient rapporté au Havre, pour nos manufactures en détresse, des cargaisons de coton prises à Charleston ou à la Nouvelle-Orléans auraient été honorés et félicités sur leur vaillance. Or, les tribunaux français ont-ils le devoir, ont-ils le droit de déclarer illicites des actes que ne réprouve aucune loi française ? Si des assurances

13.

avaient été contractées en France contre les risques de la violation du blocus, je ne doute pas que la convention n'eût été valable. L'immoralité aurait été de la part de l'assuré ou de l'assureur qui, l'un pour se dispenser de payer la prime, l'autre le sinistre, auraient prétendu déloyalement opposer la nullité de la convention.

Par la même raison, je suis amené à conclure qu'il n'est pas illicite d'assurer en France des opérations de contrebande au préjudice des lois des pays étrangers. Il serait certainement illicite d'assurer des opérations de contrebande au préjudice des lois françaises. Ce serait contraire à l'ordre public.

ARTICLE 4

Les risques courent du moment où la marchandise quitte la terre pour être embarquée, et finissent au moment de sa mise à terre, au point de destination, tous risques d'allèges pour transport immédiat de bord à terre et de terre à bord étant à la charge des assureurs.

Les risques de drôme ne sont pas à la charge des assureurs, sauf convention spéciale.

Il y a ici plusieurs améliorations de rédaction sur les anciennes formules, notamment sur celles du Havre et de Nantes, lesquelles portent que les risques courent du moment de *l'embarquement*, pour finir au moment de la *mise à terre*. Ces deux expressions ne sont pas symétriques. Le chargement s'opère d'ordinaire au moyen de palans ou de grues tournantes, quelquefois au moyen de rouleaux sur des ponts volants. Entre le moment où la marchandise quitte le quai et celui où elle est embarquée, il y a un intervalle pendant lequel des accidents se produisent. La corde ou la chaîne casse, l'engin se détraque, le pont s'affaisse ou le roulement est fait maladroitement, la marchandise est précipitée dans le bassin ou le fleuve. D'après le texte des anciennes formules, ces accidents n'étaient pas à la charge des assureurs pendant le chargement, puisque la marchandise n'était pas encore *embarquée*. Ils l'étaient pendant le déchargement. Les rédacteurs de la police française ont rétabli la symétrie. La marchandise est assurée de quai à bord et de bord à quai.

Ils ont cru devoir définir nettement les risques d'allèges qui sont compris de plein droit dans l'assurance, cette expression étant un peu litigieuse et pouvant recevoir des extensions abusives. Les allèges seront les embarcations servant de communication immédiate entre le navire et la terre. Les transports de marchandises d'un point à un autre des ports ou rivières ne sont donc point compris de plein droit dans l'assurance, et cela est fort juste. Il peut y avoir là des parcours assez longs et assez dangereux ; puis la marchandise peut changer de direction et n'être pas chargée sur le navire qu'on avait d'abord en vue. L'assureur aurait couru des risques sans recevoir aucune prime. Quand le négociant aura prévu d'autres mouvements que de simples allèges, ce sera l'objet d'une négociation spéciale avec l'assureur. Il en sera de même des *dromes* ou trains flottants, employés sur quelques rades, à la descente des rivières ou au passage des barres, pour le chargement ou le déchargement de certaines marchandises. Ce ne sont manifestement pas des alléges.

ARTICLE 5

Les risques de quarantaine sont à la charge des assureurs. Si le navire va faire quarantaine ailleurs qu'au point de destination, il est payé une augmentation de prime de demi pour cent par mois depuis le jour du départ jusqu'à celui du retour.

Ainsi que je le disais plus haut, toute quarantaine au port de relâche forcée est aux risques des assureurs et même à leurs frais, et cela sans aucune augmentation de prime. L'article 5 ne concerne donc que les navires qui, repoussés de leur port de destination, vont faire quarantaine ailleurs, ce qui entraîne pour les assureurs un risque nouveau, alors qu'ils devaient croire le risque éteint.

Article 6

Dans tous les cas où le calcul de la prime se fait par périodes mensuelles ou autres, toute période commencée est comptée comme finie.

Cet article, conforme à l'usage général, ne mérite aucune observation.

ARTICLE 7

Si l'assurance est faite sur navire ou navires indéterminés, l'assuré est tenu de faire connaître aux assureurs le nom du navire ou des navires et de leur déclarer la somme en risque, dès la réception des avis qu'il aura reçus lui-même ou au plus tard dans les trois jours de cette réception.

Quand la police n'a pas exprimé la durée pour laquelle elle est faite, elle ne peut plus produire aucun effet au profit de l'assuré, après quatre mois de la date de la police, pour tout ce qui n'aura pas été chargé dans ce délai.

La pratique de plus en plus répandue

des polices flottantes ou d'abonnement est un grand bienfait pour le commerce. Elle apaise à l'avance les inquiétudes des négociants, lesquels sont certains que toutes les marchandises qui voyageront pour leur compte sont assurées, et ne redoutent plus d'être surpris par l'annonce télégraphique d'un naufrage, avant d'avoir pu pourvoir aux assurances. Mais précisément parce que leurs inquiétudes sont apaisées, il y a lieu de craindre de leur part ou de celle de leurs commis des retards, des négligences à faire connaître les avis de chargement reçus. Or, l'assureur a un grand intérêt à être immédiatement informé des sommes qui se trouvent ou se trouveront à ses risques, afin de prendre à son tour ses précautions de réassurance si elles excèdent son plein, ou de ne pas augmenter ses risques sur le même navire. C'est à lui que la police d'abonnement transporte le péril

14

et le souci d'être surpris par la nouvelle
d'un sinistre. Il est donc parfaitement légitime qu'il recommande l'exactitude à ses
clients et leur en impose ou plutôt leur en
rappelle l'obligation, qui est une obligation naturelle.

On remarquera que cette obligation
manque de sanction précise. C'est à dessein et après mûre réflexion que les rédacteurs de la police française se sont décidés
à n'exprimer aucune sanction. En la plupart des cas, le retard n'aura causé aux
assureurs aucun préjudice quelconque.
Des nullités, des pénalités, des doubles
primes prononcées pour le fait inoffensif
d'une négligence de quelques jours à com-
muniquer un avis de chargement paraî-
traient intolérables à la clientèle, et donne-
raient lieu aux plus irritantes discussions.
Je crois même que le commerce n'accepte-
rait pas cette menace. Il a donc été jugé à

propos de laisser l'obligation de l'exactitude sous la seule sanction du droit commun. Toute faute d'où résulte un préjudice
pour autrui entraîne des réparations et ces
questions s'apprécient en raison de la gravité de la faute. Un retard non préjudiciable ne sera jamais reproché ; un retard,
même préjudiciable, ne le sera que bien
rarement, s'il n'est pas dans les habitudes
de l'assuré, s'il n'est que de peu de jours,
s'il trouve son excuse dans des circonstances de maladie ou autres. Les considérations de clientèle et les intérêts bien entendus des assureurs sont les meilleurs garants
de leur modération dans les suites à donner
à l'article 7. Mais ils ne sont pas désarmés
vis-à-vis des assurés qui, par des négligences prolongées, réitérées, sans excuse
valable, leur auront causé un grave dommage. Ils pourront repousser l'application
tardive ou en demander la réduction, dans

les limites de leurs pleins ; ils pourront, suivant le cas, demander la résiliation du contrat, non observé par l'une des parties.

J'estime que le droit commun pouvait déjà les protéger. Il était bon cependant d'avertir les assurés de l'importance de l'exactitude et de leur rappeler qu'à l'obligation, prise par les assureurs, de les garantir avant tout avis correspond nécessairement l'obligation de leur signaler avec diligence les risques dont ils ont la responsabilité.

Je crois n'avoir rien à changer aux observations qui précèdent, textuellement reproduites de ma première édition, mais je dois avertir le lecteur qu'il y a eu des litiges. Un arrêt de la Cour de Paris du 19 mars 1885 et un arrêt de la Cour d'Aix du 12 juin 1867 avaient jugé exactement dans le sens de mes observations. Je considérais

la jurisprudence comme absolument fixée,
quand, à ma grande surprise, la Cour d'Aix,
se déjugeant, a prononcé, le 29 décembre
1885, que la non-déclaration des avis de
chargement dans les trois jours entraîne
déchéance. Suivant les expressions un peu
bizarres de l'arrêt, la nullité, non exprimée
au contrat, serait virtuelle et *viscérale*.

J'ai la profonde conviction que c'est une
erreur judiciaire qui restera isolée. J'ai
consacré à cette question un chapitre entier
de mon quatrième volume de *Questions
de Droit maritime*. (Chapitre VII).

Je reproduis donc l'interprétation donnée
par les rédacteurs au premier paragraphe
de l'article 7. Je pense que les négociants
assurés à Paris par les Compagnies com-
posant le Comité peuvent être sans aucune
inquiétude. Si quelques-uns conservaient
un souci, il leur serait facile de l'apaiser

par une explication manuscrite de la police,
qui ne leur serait jamais refusée.

J'avais signalé, sur le second paragraphe
de l'article 7, une défectuosité de rédaction
qui a été corrigée. Les polices d'abonnement sur navires indéterminés, dont l'u-
sage est si fréquent, couvrent tous les
chargements à faire pendant un laps de
temps déterminé, qui est d'ordinaire d'un
an. Mais il arrive parfois qu'on souscrit
une police d'une somme maximum, sur un
ou plusieurs navires à désigner, ce qu'on
appelle à Marseille *in quo vis*, en conséquence d'un crédit ouvert ou en prévision
d'une opération projetée. L'opération prévue ne se réalise pas toujours. Il convien-
drait de résilier une police sans objet.
Souvent personne ne s'en avise. Il n'y a
pas de prime à payer ni à recevoir qui
serve d'avertissement, et les deux parties
négligent de provoquer l'annulation. Un

tel contrat oublié peut-il sommeiller indéfiniment, pour se réveiller lorsqu'une des parties ou un tiers intéressé le découvrira ?

Ce serait plein d'inconvénients et même de périls. Dans l'oubli du contrat, on en aura fait un autre l'année suivante, avec d'autres assureurs, qui, un sinistre survenant et appelant l'attention sur la police endormie, en invoqueront l'antériorité. L'on doit remarquer qu'à défaut de délai stipulé, il n'y a plus que celui de cinq ans de la prescription. Il est de l'intérêt manifeste des deux parties d'échapper à ces inconvénients. C'est le but du second paragraphe de l'article 7.

Article 8

Le délaissement pour défaut de nouvelles peut être fait : après quatre mois pour tous navires à vapeur ; après six mois pour tous navires à voiles, autres que ceux qui franchissent les caps Horn ou de Bonne-Espérance ; après huit mois pour ces derniers.

Les délais doivent se compter au lieu de destination du dernier voyage entrepris et de la date des dernières nouvelles connues.

L'assuré est tenu de justifier de la non arrivée et de la date du départ.

Le délaissement peut être fait aussi :

1º Dans le cas de vente ordonnée,

ailleurs qu'au point de départ ou de destination, pour cause d'avaries matérielles à la marchandise assurée provenant d'une fortune de mer à la charge des assureurs ;

2º Dans tous les cas d'innavigabilité du navire, par naufrage ou autrement, si, après les délais ci-dessous, la marchandise n'a pas pu être remise à la disposition des destinataires ou des assurés, ou au moins si le rechargement à bord d'un autre navire prêt à la recevoir n'en a pas été commencé dans les mêmes délais.

Les délais sont :

De quatre mois si l'évènement a eu lieu sur les côtes ou îles de l'Europe ou sur le littoral d'Asie ou d'Afrique bordant la Méditerranée et la mer Noire, sur les côtes ou îles de l'Océan Atlantique hors d'Europe.

De six mois si l'accident a eu lieu sur les autres côtes ou îles.

Les délais courent du jour de la notification de l'innavigabilité faite par les assurés aux assureurs.

Si l'évènement a eu lieu sur un point avec lequel la navigation peut être interrompue par la glace ou par une cause de force majeure, le délai est prolongé du temps pendant lequel l'accès du lieu de l'évènement aura été notoirement empêché.

3° Dans le cas où, indépendamment de tous frais quelconques, la perte ou la détérioration matérielle absorbe les trois quarts de la valeur.

Aucun autre cas ne donne droit au délaissement.

Il est expressément dérogé aux dispositions du Code de Commerce (et notamment des articles 369 et 375),

contraires à celles des deux paragraphes qui précèdent.

J'ai fait observer, à l'occasion du délaissement du navire, combien était fâcheuse et litigieuse la rédaction de l'article 369 du Code de commerce, d'après laquelle le délaissement semble dépendre des mots plutôt que des choses, de la qualification de l'accident plutôt que de ses conséquences réelles. J'ai montré que les expressions mal définies de *naufrage*, d'*échouement avec bris*, d'*innavigabilité*, ouvrent la porte à toutes les discussions et à toutes les logomachies. L'ancienne doctrine essayait de remédier à cette confusion par la distinction du sinistre *majeur* et du sinistre *non majeur*, et c'était encore une dispute de mots.

Il n'est pas rare, comme chacun sait, qu'un navire fasse naufrage au port, parce que c'est aux atterrages qu'il rencontre les écueils. Voici donc un navire qui, manquant par un gros temps l'entrée du Havre, est jeté sur le poulier ou sur la plage du Perrey ; on se hâte de procéder au déchargement. Un négociant du Havre attendait 5o balles de coton qui se trouvaient sur le pont ou dans les plans supérieurs du chargement. Les 5o balles sont débarquées intactes, sans la moindre avarie, camionnées aussitôt dans les docks ou dans les magasins du destinataire. La tempête redouble, et le lendemain matin il ne reste du navire que des débris épars. C'est le naufrage le plus caractérisé qui se puisse voir et il n'y a place à aucune discussion de mots ; le navire n'existe plus. Mais les 5o balles de coton existent intactes et à la disposition du destinataire. Est-ce qu'il sera fondé, si la marchandise est en baisse, à les délaisser aux assureurs ? C'est absurde ! s'écriera-t-on. C'est la loi, dira l'assuré. Et les tribunaux devront reconnaître que c'est la loi.

Je cite encore l'hypothèse du navire chargé de 2,000 lingots de fonte ou de zinc, qui est parvenu dans les bassins mêmes du Havre et rangé à quai. Un choc se produit et le fait sombrer dans le bassin. L'écrasement a été tel qu'entièrement fracassé il ne mérite pas d'être réparé. Des 2,000 lingots, il n'en manquera pas un seul au destinataire. Sera-t-il fondé, lui aussi, à les délaisser aux assureurs, s'il y trouve son intérêt ? C'est la lettre de la loi.

Veut-on l'hypothèse d'un naufrage plus complet encore, s'il est possible, et d'un naufrage lointain, de la disparition absolue du navire ? Le vapeur-poste du Brésil est atteint d'un abordage en mer qui l'entr'ouvre et le fait couler. Le capitaine, forcé de l'abandonner, est tenu, aux termes de l'ar-

ticle 341 du Code de commerce, de sauver
avec lui ce qu'il pourra des marchandises
les plus précieuses de son chargement.
Naturellement il pense aux diamants, que
peut-être d'ailleurs il portait sur lui. Il
arrive en France avec son précieux dépôt
et le remet au destinataire, qui n'apprend
la catastrophe qu'en recevant ses diamants.
Tout à coup le destinataire se ravise, lit
l'article 369 du Code, consulte un avocat,
consulte surtout la somme assurée et les
difficultés du placement de ses diamants,
et se convainc qu'il a intérêt à les vendre à
ses assureurs plutôt que de chercher ailleurs. Le *naufrage* n'est pas douteux, et
voilà les assureurs marchands de diamants.
C'est la lettre de la loi.

Que sera-ce si du *naufrage* je passe à
l'échouement avec bris? J'ai entendu disputer sur un navire chargé de vins, qui
avait éprouvé un échouement en remontant

la Seine. Relevé à la marée suivante, il était arrivé au quai de Rouen, où il débarquait sa cargaison entière, sans qu'il en manquât une barrique. Désireux de la délaisser aux assureurs, pour la leur racheter peut-être à bas prix, le destinataire refusait de la recevoir jusqu'à ce qu'on eût vérifié si l'échouement avait eu lieu *avec* ou *sans bris*. S'il découvrait par bonheur qu'un morceau de quille avait été arraché, ce n'était plus l'échouement simple, c'était l'échouement avec bris, lui donnant droit au délaissement. Et si la quille n'était que fendue ou rompue sans avoir perdu de morceaux, était-ce un *bris*? Autre dispute, autre litige.

Ce genre de discussion est intolérable, et d'autant plus irritant que, le délaissement étant toujours facultatif, la prétention ne se produit que si, à raison de l'exagération de la valeur assurée ou de la baisse des marchandises, l'assuré a *intérêt* à les délaisser. Autrement il se garderait bien de transporter à ses assureurs le bénéfice d'une spéculation lucrative. C'est l'intérêt qui domine et qui prime le droit.

Pour l'assurance du navire, je me suis efforcé de me pénétrer non des mots, mais de la nature des choses, en recherchant dans quels cas il est légitime que la propriété du navire puisse être transportée aux assureurs. J'ai montré que l'idée juste est de ramener toutes les appréciations vers cette unique question de fait : le navire est-il encore, comme navire et pour un emploi utile comme navire, à la disposition de ses armateurs ? ou, au contraire, la fortune de mer les a-t-elle privés de l'emploi utile du navire ?

Pour l'assurance des marchandises, je procéderai de même, me pénétrant pareillement de la nature des choses. Je dirai :

Les assurés sont des négociants qui ont entrepris une opération commerciale, en s'en proposant un bénéfice, en s'exposant à une perte, suivant les fluctuations des marchés. Ce sont les chances du commerce. Les risques des assureurs sont autres ; ils ont pour objet les fortunes de mer. Toutes les fois que la fortune de mer laisse subsister l'opération commerciale de l'assuré, avec ses chances bonnes et mauvaises, il n'y a pas lieu au délaissement. Les assureurs ne doivent que l'indemnité, proportionnelle à la somme assurée, du préjudice causé par la fortune de mer. Toutes les fois, au contraire, que la fortune de mer détruit l'opération commerciale, il y a lieu au délaissement. Ce qui en reste est abandonné aux assureurs comme une épave, de la même manière qu'est vendue à leur profit l'épave du navire. Le négociant, avec l'argent des assureurs, recommencera, s'il lui plaît, une autre opération, et l'armateur, avec l'argent des assureurs, achètera, s'il lui plaît, un autre navire.

Telle me paraît être la vérité du principe. Telle aussi a été incontestablement, suivant moi, la pensée du législateur. Seulement il l'a mal exprimée, par des mots dont l'intérêt s'empare abusivement. Qu'importent, en effet, le naufrage et l'échouement avec bris, dans les exemples que j'ai cités, si l'opération commerciale du négociant assuré subsiste tout entière, si même sa réalisation n'est pas retardée par l'évènement ?

Ce qui prouve bien que telle a été la pensée du législateur, c'est que sous plusieurs articles du Code de commerce il a stipulé des délais, et de longs délais, avant de transporter à l'assureur, dans les cas de retard à l'arrivée du navire, d'arrêt de puissance et d'innavigabilité, l'opération commerciale, par le délaissement.

Les rédacteurs de la police française ont donc pris ce point de vue : on va voir, par l'examen successif des divers paragraphes de l'article 8, qu'ils s'y sont assez fidèlement conformés.

Les premiers paragraphes concernent le défaut de nouvelles. Les délais de l'article 375 du Code de commerce, abrégés déjà par la loi du 3 mai 1862, sont encore abrégés en raison des circonstances actuelles de la navigation. Le navire n'apparaît pas, il y a présomption que l'opération commerciale est détruite. Le délaissement est logique. Si, la présomption étant démentie, la marchandise se retrouve quelque part, ce sera pour les assureurs une épave.

L'article 8 passe à la vente en cours de voyage. Si quelque chose détruit l'opération commerciale, c'est bien la vente forcée, faite dans un port de relâche, sur la requête du capitaine et sur l'avis des experts. La marchandise n'arrivera jamais entre les mains du négociant assuré ; tous les marchés qu'il a pu lier ou préparer sont rompus, le produit même n'est le plus souvent pas à sa disposition. En outre, on n'aperçoit pas les bases possibles d'un règlement d'avaries conforme aux principes de la matière. J'ai toujours été d'opinion que la vente en cours de voyage devait être essentiellement une cause légitime de délaissement.

Les assureurs n'ont pas toujours partagé cet avis. On a même vu des formules de police, notamment l'ancienne police de Paris, stipuler en termes exprès que la vente n'était jamais cause de délaissement.

Je sais trop quelles étaient les préoccupations des assureurs et contre quels abus ils voulaient se protéger. Ils craignaient les instructions secrètes aux capitaines, les correspondances des chargeurs arrivant opportunément au port de relâche, et les chargements dans lesquels les armateurs sont intéressés. L'intérêt au délaissement, quand la marchandise est en baisse, quand on espère liquider aux dépens des assureurs une opération compromise et convertir une perte prévue en bénéfice certain, est toujours redoutable. La tentation est forte de précipiter alors la vente, si l'on a les moyens d'y parvenir. Nonobstant ces craintes, dont je ne me dissimule pas le fondement, mais qui sont, je crois, exagérées, je trouvais pénible de blesser un principe pour se soustraire à la possibilité d'un abus.

Après bien des discussions, après l'expérience de plusieurs rédactions successives, j'ai fini par obtenir presque entièrement gain de cause. Je dis presque. Le paragraphe est en effet conçu comme suit :

Le délaissement peut être fait... « dans
« le cas de vente ordonnée ailleurs *qu'aux*
« *points de départ* et de destination pour
« cause d'avarie matérielle à la marchan-
« dise provenant d'une fortune de mer à la
« charge des assureurs. »

Les mots que j'ai signalés, ailleurs
qu'aux points de départ, sont à mon avis
regrettables et renferment un illogisme. Si
des marchandises tombent à la mer pendant le chargement ou sont submergées
sur une allège, si elles sont avariées et ne
peuvent être expédiées en cet état, elles
sont vendues. L'opération commerciale est
complètement rompue, quoique la vente
ait lieu *au point de départ.* Quelle raison
de refuser à l'assuré le droit au délaissement ? J'aperçois bien la raison, quand la
marchandise avariée est arrivée à destination. Le destinataire peut prendre livraison,

l'opération commerciale n'est pas rompue et, malgré l'avarie, peut rester profitable. Je n'aperçois pas, au point de départ, la raison, du moins la raison logique.

Et il est à remarquer que la police sur marchandises ne contient même pas le tempérament de l'article 10 de la police sur corps, « le port d'expédition est réputé « port de relâche si le navire y rentre pour « réparation d'avaries », et c'est à dessein que les assureurs n'ont pas répété cette disposition.

Mes observations n'ont pas prévalu auprès de la majorité des assureurs de Paris. On m'a opposé des exemples dont je ne conteste pas le caractère abusif. Le chargeur, présent au lieu de chargement, exerce une trop grande influence sur les opérations. Il peut faire ou laisser vendre les marchandises au gré de son intérêt, tout exprès pour s'en faire un moyen de délaissement, alors surtout que la marchandise est assurée *franc d'avaries matérielles*. On m'a cité de nombreux abus.

On a donc maintenu l'exception du *point de départ*. Il demeure établi par la police que la vente qui y serait ordonnée ne serait pas, par elle-même, motif de délaissement. En fait, le plus souvent, quand la bonne foi sera entière, et notamment dans le commerce d'exportation, les assureurs accepteront sans doute le délaissement, mais ils ont voulu rester armés contre des entreprises abusives.

Je louerai complétement l'inspiration du paragraphe suivant, parce qu'elle se rattache à l'ordre d'idées sur lequel je ne me lasse pas d'insister. L'opération commerciale de la marchandise n'est pas rompue par l'innavigabilité *du navire*, si la marchandise est saine et peut être réexpédiée par un autre, ce qui parfois s'opère très

lestement. Simple question de délais rai-
sonnables. Le Code de commerce avait eu
déjà le vif sentiment de cette vérité. Il
avait pourvu à la situation par l'article 394.
La police abrège les délais de cet article.
Les assureurs pourront veiller aux moyens
de permettre à l'opération de suivre son
cours. S'ils n'y parviennent pas, dans des
délais qui n'ont rien d'excessif, ils devront
accepter le délaissement.

Enfin, l'article 8 se termine par le cas
le plus général de délaissement, celui de
perte ou détérioration absorbant les trois
quarts de la valeur. Ce cas peut être invoqué, même s'il se produit au port de
destination et quand la marchandise y est
arrivée. L'opération commerciale est en
effet manquée si le négociant ne reçoit
qu'une marchandise à ce point diminuée
ou détériorée. La proportion des trois
quarts est empruntée à l'article 369 du

Code de commerce et consacrée par un
usage universel en France.

Article 9

Les avaries communes et les avaries particulières en frais se règlent
cumulativement entre elles, indépendamment des avaries matérielles.
Elles sont remboursées intégralement
et sans retenue pour tous voyages
quelconques par vapeurs et pour tous
voyages par voiliers, autres que ceux
qui s'accomplissent d'un point à un
autre du Bassin de la Méditerranée
ou des mers Noire et d'Azoff, sauf l'exception portée au dernier paragraphe du présent article, pour les navires levantins.

Néanmoins, si les contributions proportionnelles ont été payées sur une somme supérieure à la somme assurée, les assureurs ne doivent que la proportion de la somme assurée.

Quant aux voyages par voiliers s'accomplissant d'un point à un autre dans les mers Méditerranée, Noire ou d'Azoff, les assureurs ne remboursent les contributions proportionnelles, réduites s'il y a lieu, conformément au paragraphe précédent, que sous déduction et pour l'excédent d'une franchise de trois pour cent de la somme assurée ; cette franchise est portée à dix pour cent pour tous voyages quelconques, même en dehors de la Méditerranée, si le navire est ottoman ou appartient aux ports des mers Noire ou d'Azoff.

En Angleterre, en Hollande, en Allemagne, à Anvers, aux Etats-Unis, les contributions des marchandises aux avaries communes ont été de temps immémorial remboursées sans retenues. En France, l'usage était au contraire d'exercer la retenue d'une franchise. Le but des assureurs français était sans doute d'intéresser les négociants réclamateurs de marchandises à résister aux demandes abusives des capitaines. Je ne m'expliquerais guère autrement cette pratique assez étrange de faire supporter aux assurés une partie des contributions aux mesures de salut commun qui ont préservé de perte la marchandise. Ce sont les intérêts des assureurs que ces mesures ont préservés, il n'y a pas de dépenses qui soient plus naturellement à la charge des assureurs.

La police française a eu raison d'abanner, dans la plupart des cas, les retenues. Elle a eu raison aussi de poser en règle que les assureurs ne paieraient pas les contributions proportionnelles sur des valeurs supérieures aux sommes assurées. Si, par l'effet de la hausse, la marchandise assurée pour 20,000 francs en vaut, fret déduit, 30,000 à destination, et contribue sur une valeur de 30,000 francs aux avaries communes, il est évident que le sacrifice, qui a sauvé 20,000 francs à l'assureur, a sauvé à l'assuré un bénéfice de 10,000 fr. Il est parfaitement juste que chacun contribue à proportion.

Les assurés résistaient souvent à cette équitable ventilation et affectaient de ne pas la comprendre. Une hypothèse démontrera combien il serait absurde de la repousser. Si la marchandise assurée pour 20,000 francs en valait 40,000 à destination, si la contribution était de 50 o/o (j'en ai vu de plus élevées), elle atteindrait 20,000 fr. ou précisément la somme assurée. Oserat-on proposer que l'assureur subisse une perte totale alors que l'assuré reçoit la totalité de la marchandise et réalise la totalité de son bénéfice ?

La loi du 12 août 1885, en permettant l'assurance du bénéfice, a rendu plus sensible encore la justice de la disposition de l'article 9. Il est manifeste que c'est à l'assureur du bénéfice qu'il appartient de rembourser la contribution du bénéfice.

Je regrette, pour l'art, que dans une police dite Française et destinée à se vulgariser, l'article 9 soit embarrassé d'exceptions qui paraissent bizarrement arbitraires et qui mettent certains pavillons en suspicion. Je n'ai pas mission de défendre les capitaines grecs et levantins dont je n'ignore pas les pratiques traditionnelles. C'est une habitude de leur éducation de s'affréter à très bon marché, puis de rechercher des compensations et une sorte de

supplément de fret par des simulations
d'avaries communes trop souvent frauduleuses. C'est un métier aussi, dans les
ports de la Méditerranée, de répartir les
avaries communes, et les arbitres réparti-
teurs n'y regardent pas de très près à la
sincérité des Rapports de mer. A tout cela,
j'admets qu'il y a d'honorables exceptions.
Mais ces abus, que la navigation à vapeur
tend à faire disparaître, ont, dans la navigation à voiles, une telle notoriété que les
assureurs de Marseille, et à leur exemple
ceux de Paris, ont voulu se protéger par
des franchises. Cela fonctionne mieux
qu'on ne serait porté à le croire et j'en-
tends peu de doléances. Avertis, les négociants qui chargent des marchandises par
les pavillons suspects pèsent à leur tour
sur les capitaines pour obtenir le moindre
fret, résistent aux demandes mal justifiées

ou se protègent par des clauses des chartes-parties.

Suivant un mot qui a été célèbre en son temps, c'est un peu l'ordre par le désordre. Et puis, si les sévérités de l'article 9 semblent médiocrement rationnelles, on ne doit pas oublier que l'article 409 du Code de commerce permet aux assureurs de s'affranchir de la totalité des contributions d'avaries communes. La partie est moindre que le tout.

ARTICLE 10

Sur les marchandises désignées au tableau ci-après, les assureurs ne garantissent pas la détérioration matérielle, même dépassant les trois quarts,

si ce n'est quand le navire a été abordé, échoué ou incendié.

Lesdits dommages sont alors remboursés sous déduction d'une franchise de 10 %, à moins qu'il ne soit établi qu'ils ne proviennent pas de l'évènement. Cette franchise est réduite à 5 % au cabotage pour toutes marchandises autres que les liquides en bouteilles ou cruchons.

En ce qui concerne les liquides en futailles, chargés pour le long cours, ladite franchise est indépendante du coulage ordinaire, qui est fixé à dix pour cent.

TABLEAU DES MARCHANDISES ASSURÉES FRANC DE DÉTÉRIORATION MATÉRIELLE DANS LES CONDITIONS DE L'ARTICLE 10.

Animaux. — Allumettes. — Bougies. — Charbon de terre. — Chaussures.

— Chaux. — Sels de chaux. — Chiffons.
— Ciment. — Cheveux travaillés. —
Couvertures. — Cuirs et Peaux vernis
et cirés. — Draps du Midi. — Fleurs
artificielles. — Fourrages. — Froma-
ges. — Fruits verts et secs. — Graines
de vers à soie. — Huiles de coco. —
Joncs et rotins. — Légumes verts. —
Liquides en futailles pour le long
cours (eaux-de-vie exceptées). — Liquides en bouteilles ou cruchons. —
Laines en suint d'Espagne. — Manga-
nèse. — Marchandises sujettes à la
casse ou à l'oxydation. — Marchandises manufacturées étrangères en
balles ou caisses à claire-voie. — Marchandises quelconques chargées sur
le pont. — Marchandises servant de
fardage et tapisserie. — Minerais. —
Paille et tresse de paille. — Pétrole.—
Papiers. — Papiers peints. — Parfu-

merie en pots ou flacons. — **Plantes,
arbres et arbustes. — Pâtes alimen-
taires. — Pommes de terre. — Poudre
à tirer. — Sacs vides. — Sels. — Sucres raffinés.**

Il y a certaines marchandises tellement
susceptibles d'avaries que leur transport par
mer, pour une traversée de quelque durée,
est toujours extrêmement dangereux. Ces
marchandises sont de plusieurs sortes.
Les unes sont des marchandises à vil prix
qu'on ne peut songer à protéger par un
emballage. L'enveloppe coûterait plus cher
que le contenu. On les entasse telles quelles
dans une cale, parfois en guise de lest, si
même on ne les fait servir de fardage et de
remplissage, comme des paquets de rotins
ou des spartéries, pour protéger le surplus
de la cargaison. D'autres ont un principe
de destruction, de germination ou de pour-

riture. Ainsi des animaux vivants, ainsi des plantes, des oranges, des fruits, des pommes de terre. D'autres, chargées sur le pont, sont exposées à toutes les intempéries. D'autres enfin peuvent être des marchandises de prix, mais elles sont fragiles. Elles réclament des soins tout particuliers d'emballage et d'arrimage. Elles excluent la possibilité de l'appréciation d'un degré d'avarie. Si une glace de luxe de Saint-Gobain, une statue de marbre ou une porcelaine arrive brisée, ce sera une perte totale. On n'aura même aucun moyen de savoir si le bris constaté n'aurait pas eu lieu pendant l'emballage et avant l'embarquement.

Les opérations commerciales qui ont de telles marchandises pour objet présentent donc de grands risques spéciaux. Par suite, elles doivent offrir l'appât d'une grande marge de bénéfice, autrement aucun négociant n'aurait la témérité de les entreprendre. Un mulet du Poitou, parvenu sain et sauf à Maurice, valait au moins le double de ce qu'il avait coûté. Pour obtenir ce bénéfice, l'expéditeur pouvait s'exposer au risque de le voir mourir en route.

Parfois, le négociant propose à un assureur de partager ses chances de perte et de bénéfice, en garantissant tous les risques de l'opération. Une assurance de risques exceptionnels, à une prime exceptionnelle, n'est pas autre chose qu'un partage des chances commerciales. Rien d'ailleurs de plus licite, et l'on en a des exemples. S'il convient à un assureur de garantir, moyennant une prime de vingt pour cent, la mortalité des animaux ou la pourriture des oranges, il en est le maître. On reconnaîtra seulement que c'est quelque chose de plus qu'une assurance mari-

time ordinaire. C'est une sorte d'associa-
tion. A défaut d'une telle convention, il
serait intolérable que, pour la prime normale de un pour cent, l'assureur se trouvât
garantir des risques disproportionnés avec
ceux que lui fait courir la marchandise
ordinaire.

Il y a donc là des situations auxquelles
il est nécessaire de pourvoir. Le législateur avait aperçu ce besoin. L'article 355
du Code de commerce porte : « Il sera fait
« désignation dans la police des marchan-
« dises sujettes *par leur nature* à détério-
« ration particulière ou diminution....,
« sinon les assureurs ne répondront pas
« des dommages ou pertes qui pourraient
« arriver à ces mêmes denrées. » L'article
10 de la police française est le développement du principe posé par l'article 355 du
Code, développement adapté aux nécessités présentes du commerce, et précisé par

la désignation des marchandises qui seront réputées *d'une nature* exceptionnelle. Plus se répand l'usage des polices d'abonnement assurant des marchandises quelconques, plus il était indispensable d'introduire ici la précision.

En conséquence, les assureurs ont dressé, d'après leur expérience, le tableau des marchandises *d'une nature* exceptionnelle ; puis ils disent aux assurés : Quand vous expédierez ces marchandises, sans stipuler de conditions exceptionnelles, corrélatives à des primes exceptionnelles, vous êtes avertis : nous ne répondons de l'avarie matérielle qu'à la suite d'accidents de mer caractérisés, ayant un nom et une date. Et nous n'en répondons que si nous ne prouvons pas à notre tour que l'avarie n'a pas été causée par l'accident. Il y a de simples échouements de courte durée, sur le sable ou la vase, il y a des abordages sans importance qui n'ont pu occasionner à la cargaison aucune avarie. Enfin, en l'absence d'accident, nous ne répondons pas de la détérioration, même dépassant les trois quarts.

La rédaction vicieuse des anciennes formules n'écartant que l'action d'avaries, elle était retournée contre l'assureur lorsque la détérioration dépassait les trois quarts et ouvrait contre lui l'action de délaissement. C'était irrationnel et presque illusoire. La glace de luxe fendue, la statue de marbre brisée, la caisse d'oranges pourries, l'animal mort a toujours perdu plus des trois quarts de sa valeur. Prenez donc vos précautions, emballez avec un soin extrême et à grands frais les marchandises qui en valent la peine, ou acceptez, en vue des bénéfices que vous vous proposez, la chance de toutes les détériorations de route, ou encore cherchez des associés à vos chances, et négociez, à prix débattus, des assurances exceptionnelles. Quant à nous, à la prime ordinaire de nos tarifs, nous vous déclarons que nous n'acceptons pas d'autre responsabilité que celle des accidents de mer caractérisés.

Jusqu'ici, l'article 10 me paraît parfaitement judicieux, et je ne vois pas ce que les assurés peuvent y objecter. Mais, quand les assureurs ajoutent que, même dans ces cas d'accidents caractérisés, ils ne rembourseront les avaries que *sous déduction d'une franchise de cinq pour cent*, j'avoue que je cesse d'approuver, et presque de comprendre. Le sinistre prévu s'est réalisé ; il est la cause du dommage ; si la perte était totale elle serait remboursée intégralement. Heureusement pour l'assureur, le dommage n'est que de dix pour cent, et les assureurs n'en remboursent alors que la moitié.

Peut-être diront-ils que, même si la perte est absolue, ils exerceront la retenue, et la rédaction du paragraphe permettrait à la rigueur cette interprétation. Je doute fort, cependant, que les assureurs aient entendu que si un naufrage broyait en morceaux sur les récifs la glace de Saint-Gobain, la statue de marbre ou le service de porcelaine, ils retiendraient le vingtième de la somme assurée. Ils n'ont probablement songé qu'à la détérioration partielle.

Du reste, la police française était à peine rédigée que les assureurs de Paris s'empressaient de reconnaître que la franchise était inacceptable par le commerce d'exportation, lequel compose leur principale clientèle. La dérogation est de style dans toutes les polices d'abonnement. Je regrette donc que cette franchise, qui profitera si rarement aux assureurs, dépare l'article 10, très judicieux par ailleurs. Elle me paraît une tradition inutile et fâcheuse de vieux usages qui manquaient de largeur. Les assureurs français, dans toutes leurs formules de police, semblaient trop préoccupés de la recherche des petits profits, ou plutôt des petites atténuations de pertes, par le moyen des retenues : retenues sur les avaries particulières, doubles retenues sur les dépenses de réparations, retenues sur les avaries communes, retenues sur les avaries de frais, retenues sur les recours d'abordage, retenues partout. C'était le système français, opposé à celui de l'Angleterre. Les assureurs de Marseille retenaient 3 o/o, et les assureurs du Havre 1 1/2, sous prétexte d'escompte, sur le règlement des pertes totales. La police française, plus libérale que ses devancières, a réduit ou supprimé la plupart de ces retenues, et la franchise même de 5 o/o que je critique est ailleurs de 15 o/o.

Si maintenant on parcourt l'énumération des marchandises désignées au tableau de l'article 10, on sera surpris de quelques rapprochements assez étranges. On demandera, par exemple, ce qui a pu valoir aux chaussures et aux bougies d'être traitées par les assureurs comme le sel, le ciment, les pommes de terre et les animaux vivants. Ce n'est certes pas le raisonnement *a priori* qui a produit ce rapprochement, c'est l'expérience, et une expérience ruïneuse. Débarquées de navires qui avaient eu des traversées exemptes de tout accident de mer, qui livraient en bon état le surplus de leurs cargaisons, les chaussures et les bougies, dont il se fait une exportation très considérable, ont donné lieu à d'incessantes réclamations d'avaries, atteignant des taux de 3o, de 4o, de 6o o/o, et cela non pas sur un petit nombre de caisses, mais sur toutes les caisses de plusieurs expéditions successives. Quelle a été, dans ces réclamations réitérées, la part du vice de fabrication, du vice d'emballage, de la spéculation abusive contre les assureurs, de la complaisance des experts? Il était malaisé de le dire, plus malaisé de le prouver ; les assureurs ont été dans l'obligation de couper court à des abus qui prenaient les proportions d'un désastre et d'un scandale.

Quoique la question paraisse au premier abord singulière, on a pu se demander si les marchandises assurées avec les restrictions de l'article 10 font courir aux assureurs *moins de risques* que celles dont ils garantissent toutes les avaries, si conséquemment les premières méritent *une réduction de la prime*. La réponse à cette question est dans une distinction.

A examiner de près le tableau des marchandises de l'article 10, entre lesquelles

16.

l'ordre alphabétique établit une confusion fâcheuse, on les voit se ranger *par leur nature* en deux catégories bien distinctes. Les unes sont les marchandises à vil prix, qui ne comportent pas ou ne valent pas un emballage coûteux ; les autres, au contraire, les marchandises d'une valeur considérable, qui exigent un emballage particulièrement soigné.

Les premières seront toujours un mauvais risque. L'accident de mer les détruit le plus souvent, ou, si elles subsistent matériellement, comme elles n'ont pas valu les frais d'emballage, elles ne valent pas davantage les dépenses de sauvetage, de manutentions et de transport. Règle générale, la marchandise à vil prix est un mauvais risque, et, même assurée franc d'avaries, elle mériterait plutôt une augmentation qu'une diminution de la prime. On ne trouvera pas un assureur expérimenté qui n'aime mieux assurer contre tous risques des indigos, des soieries, même des cafés et des cotons, que de garantir franc d'avaries du sel, du ciment, du minerai de fer ou de la houille.

Les secondes, soigneusement enveloppées et encaissées, et pour lesquelles l'emballage devient presque un art, peuvent résister à l'accident de mer, être facilement sauvées, transportées, rechargées sur un autre navire. Les restrictions de l'article 10 diminuent donc sensiblement le risque, et il est juste qu'une réduction de la prime corresponde à la diminution du risque. Le négociant devra reverser sur les dépenses de l'emballage l'économie qu'il obtiendra sur la prime, moyennant quoi, comme je le disais tout à l'heure, il lui suffira d'être garanti contre les véritables accidents de mer.

On voit des négociants, confiants dans

leurs emballages, réclamer eux-mêmes, pour des marchandises non désignées au tableau de l'article 10, l'assurance aux conditions de cet article, afin d'obtenir une réduction sur la prime.

ARTICLE 11

Les avaries particulières consistant en perte de quantités sont remboursées intégralement et sans aucune franchise sur les espèces, métaux précieux, diamants et pierres précieuses non montés, étains, cuivres, plombs et zincs bruts en lingots.

Elles sont remboursées sous une franchise de trois pour cent sur les autres matières métalliques et sur les minerais, et sous une franchise de dix pour cent au long-cours et de cinq pour cent au cabotage, sur les marchandises désignées à l'article 10, même en dehors des cas prévus par ledit article.

Il est entendu que le coulage des liquides non plus que la perte en poids des marchandises désignées audit article qui auraient fondu ne sera pas réputé perte en quantité.

Pour toutes autres avaries particulières matérielles, les assureurs ne paient que l'excédent de :

Trois pour cent sur : Beurre. — Bijouterie fine. — Bois bruts. — Brai. — Châles. — Cachou. — Caoutchouc. — Cire. — Cochenille. — Cordages goudronnés. — Cafés en futailles. — Cotons bruts. — Épices non désignées en futailles. — Farine en barils. — Garance ou Garancine en futailles. —

Gomme laque. — Goudron. — Gutta-Percha. — Indigo. — Ivoire. — Lack-Dye. — Mercure. — Métaux bruts. — Orfévrerie. — Savon. — Soies. — Soieries. — Soufre. — Suif. — Vanille. — Verdet en fûts.

Cinq pour cent sur : Alun. — Bijouterie fausse. — Cacaos en futailles. — Cafés en sacs. — Canelle. — Cassia lignea. — Clous de Girofle. — Cordages non goudronnés. — Cornes ou ramures de Cornes. — Colle. — Coton filé. — Draps autres que ceux du Midi. — Épices non désignées en sacs. — Fanons. — Gambier. — Garance ou Garancine en sacs. — Gingembre. — Gommes en fûts. — Guanos et Engrais naturels. — Laines lavées. — Laines en suint (retour de la Plata). — Mercerie. — Meubles. — Passementerie. — Piments en sacs. — Poivre en sacs. — Quercitrons. — Rubans. —

Riz en futailles.— Rocou.— Sellerie.—
Sucres bruts en futailles ou caisses.—
Tabacs en boucauts. — Toileries et
autres tissus de lin, de chanvre et de
coton.

Dix pour cent sur: Alizari. — Ami-
don. — Anis. — Arachides. — Biscuits
en futailles. — Brosserie. — Cacaos
en sacs.—Cafés en vrac.—Carrosserie.
—Chanvre. —Chapellerie.— Couleurs
préparées. — Crins et poils. — Cuirs
et Peaux préparés ou à l'état brut. —
Drogueries non désignées. — Eaux-
de-vie.— Écorces de chêne.— Éponges.
— Farines en sacs. — Fleur de soufre.
— Froment en sacs. — Gommes en
sacs ou vrac.— Jute.— Jalap. — Laine
cachemire. — Librairie en caisses. —
Liquides en futailles pour le cabotage.
— Liège.— Lin. — Noix de galle en
fûts. — Papeterie.— Pelleterie. — Per-
lasse.— Piment en vrac. — Pistaches.

- Plumes et duvets. — Poivres en vrac. — Potasse. — Quinquina. — Réglisse. — Saindoux. — Salsepareille.— Sels de soude. — Soude. — Sucres bruts en sacs. — Tabacs en sacs ou balles. — Teintures. — Thés. — Toiles à voile et d'emballage. — Verdet en balles.

Quinze pour cent sur : Biscuits en vrac. — Bouchons. — Cacao en vrac. — Carnasse. — Cendres gravelées. — Chapeaux et tissus de paille. — Chardons. — Cigares. — Cirage. — Cocons de vers à soie. — Crin végétal. — Conserves. — Dividivi. — Engrais artificiels. — Épices non désignées en vrac. — Froment en vrac. — Gants de peau. — Grains et Graines en sacs ou vrac. — Houblon. — Laines en suint (non désignées). — Légumes secs en balles ou en vrac. — Librairie en balles. — Lithographies. — Photographies. —

Nitrates. — Noir animal. — Noix de galle en sacs. — Onglons. — Orseille. — Os. — Paniers. — Osiers. — Parfumerie (non désignée art. 10). — Poissons secs ou salés. — Riz en sacs. — Sparterie. — Sumac. — Toiles bleues dites guinées. — Tourteaux. — Vachettes.

La quotité de franchise sur les objets non désignés dans le tableau qui précède est fixée à cinq pour cent.

La franchise de dix pour cent, prévue par l'article 11 pour les liquides en futailles, au cabotage, et pour les eaux-de-vie, est indépendante de la franchise du coulage ordinaire, laquelle est fixée à deux pour cent pour le petit cabotage, à quatre pour cent pour le grand cabotage et à dix pour cent pour le long cours.

La franchise est toujours calculée

sur la somme assurée, divisée s'il y a lieu en séries.

L'article 11 débute par une disposition dont l'inspiration est très libérale et renverse toutes les traditions, toutes les habitudes, tous les préjugés de l'assureur français. Dépassant en largeur de vues les assureurs des autres nations, il conçoit des règlements d'avaries, non-seulement sans retenue, mais sans la moindre franchise protectrice contre les petites réclamations. Qu'un seul lingot d'étain, de cuivre ou de zinc tombe à la mer ou manque au sauvetage, il consent à payer la valeur du lingot. — Je vois dans ce paragraphe spécial le présage d'une grande réforme, sinon d'une révolution.

Ce n'est encore qu'un présage, et la tradition française reprend aussitôt son empire. Des franchises de trois, de cinq, de dix, de quinze pour cent sont stipulées, et ces franchises sont des retenues. Les assureurs ne remboursent que l'*excédent*.

Je me trouve amené à traiter ici de nouveau, et avec plus de développements, parce que les choses sont plus complexes, la question que j'ai déjà discutée à l'occasion de l'article 19 de la police sur corps. Tous les assureurs du monde ont éprouvé le besoin d'opposer une barrière, dite franchise, à l'importunité des petites réclamations d'avaries particulières. C'est même l'intérêt des assurés de n'avoir pas à s'embarrasser de procédures et d'expertises pour des bagatelles. Le Code de commerce, article 408, a fixé cette barrière à un pour cent de la valeur de la chose. D'après le texte de l'article, ce n'est pas une retenue.

Les assureurs anglais ont porté la barrière à trois et à cinq pour cent, suivant l'espèce des marchandises. Pour eux aussi, ce n'est pas une retenue. L'avarie qui franchit la barrière est remboursée intégralement. Les assureurs français, au contraire, pour lesquels l'article 408 du Code de commerce est complètement tombé en désuétude, ne remboursent que *l'excédent* de la franchise, qui se transforme en retenue. Voilà deux usages, deux systèmes, bien nettement différenciés. Lequel, d'après la nature des choses et philosophiquement, si j'ose le dire, est le meilleur?

Je suis obligé de répondre encore par une distinction : celle des denrées brutes, non emballées ou grossièrement emballées, pour lesquelles le lien ou l'enveloppe, quand il y en a, n'est guère qu'un moyen portatif, — et des marchandises manufacturées, soigneusement emballées, renfermées dans des caisses qu'on s'est efforcé de rendre impénétrables aux intempéries. Les marchandises ainsi enveloppées sont destinées à parvenir et à être utilisées dans un état parfait de siccité, sans la moindre altération, sans la moindre tache d'eau de mer. Le poids du contenu, à l'arrivée, sera identique à celui du départ.

Les modes, les confections, les étoffes doivent être étalées aussi fraîches aux vitrines des magasins de Rio-Janeiro ou de Valparaiso qu'à celle des boutiques de nos boulevards. Les élégantes d'outre-mer ne porteront pas plus que les nôtres des gants moisis ni des robes maculées d'eau de mer. Il n'y a pas là de déchet naturel de route, et la plus légère mouille qui pénètre à travers l'enveloppe est un accident. Il n'y a donc pas lieu de prélever *une retenue* sur les avaries. Les assureurs feront bien d'opposer une barrière aux réclamations minimes. Une tache presque imperceptible qui ne nuirait pas à la vente, ou qu'un coup de ciseau ferait disparaître à l'extrémité d'une pièce d'étoffe, ne mérite pas qu'on aille déranger un consul et des experts. Mais si l'avarie est sérieuse, elle est tout entière et sans retenue à la charge des assureurs. Je n'hésite donc pas à dire qu'en cette matière l'usage anglais est le meilleur.

Il faut que les assureurs de Paris l'aient reconnu, puisque, pour toutes leurs relations avec le commerce d'exportation, l'usage du remboursement intégral, exprimé par des clauses dérogatoires, a prévalu sur le texte des articles 10 et 11 de la police. Alors, pourquoi maintenir des dispositions auxquelles, dans la pratique, on déroge *toujours* ?

Si maintenant je passe aux denrées brutes, objet principal de notre commerce d'importation, je suis frappé de l'observation toute contraire. Ces marchandises éprouvent toujours quelque variation dans leur état, quelque déchet de route pendant une longue traversée, même heureuse. Le poids à l'arrivée ne sera pas identique à celui du départ ; il sera diminué par des évaporations, des suintements, des coulages, des déperditions diverses, résultant des manutentions et de la différence des climats ou des saisons ; il sera quelquefois augmenté par des absorptions d'humidité.

Il y aura, presque toujours aussi, de légères avaries, à fond de cale, dans le voisinage des pompes ou des égouts du pont. Il suffit d'assister au déchargement d'un navire dans un de nos ports, puis de visiter sa cale avant qu'elle soit nettoyée, pour observer les traces de toutes les petites déperditions. On voit les balles trouées, souvent déchirées par les crocs, des brins de laine et de coton emportés par le vent, sinon par des passants indiscrets, jonchant le sol ou flottant sur le bassin. On voit les

sacs de café tachés, aux angles écartés,
laissant fuir le grain. On voit les boucauts
et les sacs de sucre tout gluants du sirop
qui suinte. Les flancs du navire ont conservé
d'autres vestiges : les balayeurs achèveront
dans la cale et sur le quai l'œuvre du
déchargement. Le curieux de l'intérieur
des terres qui regarde ces choses s'imagine
que c'est une cargaison très avariée. Point
du tout, elle est en bon état, l'opération
commerciale a prévu ces déperditions.

Or, si je suppose que, dans leur ensemble, à la suite d'une traversée ordinaire,
elles atteignent 3 o/o, et s'il se trouve qu'à
la suite d'une traversée plus accidentée
elles atteignent 7 o/o, il est bien clair que
l'avarie accidentelle est de quatre ou de
l'excédent de trois. L'assureur ne devant
que les conséquences de la fortune de mer,
le système français, qui rembourse quatre,
est dans la vérité de la situation. Le sys-

tème anglais, qui rembourse sept, paie,
en outre de l'avarie, la déperdition ordinaire
de route. C'est là, si je ne me trompe, une
vérité d'évidence.

Le système anglais, excellent pour les
marchandises fabriquées et encaissées de
l'exportation, et qu'on a dû adopter en
France, est donc vicieux pour les
denrées brutes de l'importation. Mais pour
que le système français lui-même fût ici
rationnel, il faudrait que la franchise pût
être réputée l'expression moyenne de la
déperdition ordinaire de route. En est-il
ainsi ? Il suffit de jeter les yeux sur le
tableau des franchises pour se convaincre
que la recherche de cette expression
moyenne a été tout à fait étrangère à la
pensée des assureurs. Les franchises sont
calculées d'après le degré présumé de
susceptibilité d'avarie des marchandises
en cas de fortune de mer, ce qui est un

ordre d'idées tout différent. Les assureurs ont voulu, et c'est ce que je critique, s'affranchir de la responsabilité d'*une partie* des avaries qui devraient être à leur charge. Il n'y a pas d'opération commerciale, sauf sur quelques marchandises de l'article 10, qui comporte une déperdition normale de 15, de 10, de 5, ni à peine de 3 o/o. Le règlement d'avarie laisse donc subir à l'assuré une perte.

Je sais bien que la division en séries, dont il sera question à l'article 12, corrige ce que le système français a d'excessif pour les assurés. Il peut cependant arriver qu'une cargaison entière soit avariée, si, pa exemple, on l'a inondée ou immergée après un commencement d'incendie, et alors la division en séries sera sans effet. L'importateur d'un chargement de cacaos, de cuirs, de farines de 500,000 francs devra subir une retenue de 50,000 francs.

Si la cargaison est de laines en suint, la retenue sera de 75,000 francs. De telles conséquences me paraissent intolérables. En outre, la division en séries est sans application aux chargements en vrac.

Je suis toujours émerveillé de la puissance des traditions et des routines locales. Les assureurs anglais, si généreux distributeurs, jusqu'à l'abus, du remboursement intégral, ont conservé la règle de n'assurer les blés, même en sacs, que franc d'avaries particulières, dans des conditions analogues à notre article 10. Cet usage remonte au temps où le transport des grains ne se faisait que d'un port de l'Europe à un autre, par de petits navires à voiles. Les maisons qui se livraient à ce commerce expédiaient un grand nombre de cargaisons dont chacune avait peu d'importance. Leurs risques étaient tellement divisés qu'elles pouvaient accepter sans inconvénient la clause franc d'avaries, en la compensant par la modération de la prime.

Une révolution s'est faite dans le commerce des céréales : la police de Londres ne change pas. Les plus grands navires transportent du blé aux plus grandes distances. Un véritable géant des mers, le navire américain *Three Brothers*, a transporté de San-Francisco au Havre 51.000 hectolitres de blé, d'une valeur de plus d'un million. Si cette cargaison était assurée en Angleterre, les avaries pourraient atteindre un million sans ouvrir aucun recours contre les assureurs. Les négociants qui ont osé entreprendre cette vaste opération, non sans la faire assurer en payant une grosse prime, perdraient un million et seraient ruinés. Je demande si tel peut être le but de l'assurance. — Du moins, les assureurs français paieraient l'excédent de leur franchise, laquelle serait à la vérité de plus de 150.000 francs !

Le système français est de plus en plus battu en brèche par le bélier de la concurrence cosmopolite. Les assureurs l'ont abandonné déjà pour les risques d'exportation, d'une manière générale. Ils l'abandonnent tous les jours dans le détail, pour les risques d'importation, en lui substituant, à prime débattue, le système anglais du remboursement intégral. Le moment me paraît avoir été mal choisi, par les rédacteurs de la police française, pour discuter laborieusement, relever et agrandir encore cet échiquier barbare du tableau des franchises, qui n'est plus guère qu'un anachronisme.

Ce qu'il y avait à faire, je l'ai dit : rechercher, d'après la nature des diverses marchandises, groupées en un petit nombre de catégories, l'expression moyenne de

17.

la déperdition ordinaire de route, l'exagé-
rer même un peu, pour que les capitaines
et les négociants fussent intéressés à
donner de bons soins à la marchandise.
On déterminerait ainsi des franchises de
demi, de un, de deux, de cinq pour cent
peut-être au maximum. Il serait rationnel
de les réduire encore sur les bateaux à
vapeur, à cause de la brièveté de la traversée. Cela fait, on supprimerait radicalement
les séries qui n'auraient plus de raison
d'être. Grande simplification, qui épargnerait aux experts et aux dispacheurs beaucoup de temps perdu à des opérations
minutieuses, à des calculs compliqués dont
la vérification lasse la patience des intéressés ; qui épargnerait aux chargeurs
d'autre temps perdu à des numérotages
qui ne sont pas sans frais ; aux hommes qui
assistent aux déchargements d'autre temps
perdu à reconnaître, à classer ou à recons-

tituer des numéros. Puis, on s'interdirait absolument le remboursement intégral, et les assureurs ne paieraient jamais que l'*excédent* de la franchise.

Il n'y a de neuf, dans l'idée que je présente ici, que d'en proposer la généralisation. Beaucoup de chargements de sucre, de café, de blé etc., sont assurés ainsi, à la complète satisfaction réciproque des assureurs et des assurés. Là est l'équité, là est la logique, là est l'économie de temps, d'embarras, de formalisme, de calculs, de paperasses et de frais. Les bureaux des dispacheurs ne seront pas encombrés de dossiers, les assureurs ne seront pas obsédés de petites réclamations importunes, ils ne recevront que des réclamations sérieuses. Les assurés connaîtront d'avance le maximum, très modéré, du risque d'avarie à leur charge que leur opération comporte. Au débarquement, ils jugeront d'un coup d'œil la situation, ils sauront s'ils doivent aller déranger les experts, les consuls ou les agents des assureurs. Là, en un mot, est la vérité des choses. C'est à généraliser cette réforme que je convie les assureurs français, et, à leur exemple, les assureurs maritimes du monde entier(1).

ARTICLE 12

Le règlement des avaries particulières matérielles sur les marchandises chargées autrement qu'en vrac a lieu par séries établies conformément au cours de la place en vigueur au jour de la signature de la police.

(1) Je rappelle encore les polices flottantes des Messageries nationales. Les avaries sont remboursées sous une franchise de deux pour cent, sur toutes marchandises. Je demande si les assureurs ont eu à se plaindre de cette condition.

Pour toutes marchandises donnant lieu à réclamation pour cause d'avaries particulières, l'assureur peut exiger la vente aux enchères publiques de la partie avariée pour en déterminer la valeur.

La quotité des avaries particulières est déterminée par la comparaison des valeurs à l'entrepôt, si la vente des marchandises avariées a eu lieu à l'entrepôt, et par la comparaison des valeurs à l'acquitté, si la vente a eu lieu à l'acquitté.

L'article 12 règle trois choses bien différentes, qui sembleraient appeler autant d'articles.

J'ai déjà parlé tout à l'heure de la division en séries du premier paragraphe. J'ajoute que certains procédés employés pour la formation des séries, la reconnaissance des plans d'arrimage ou de l'ordre

de débarquement, prêtent à mille petites
tricheries. L'assuré s'attache à former les
séries des seules marchandises avariées, la
pratique anglaise est arrivée sous ce rapport à des résultats qui sont dérisoires.

Le second paragraphe me paraît un peu
rigoureux, en principe plutôt qu'en fait,
en attribuant à l'assureur *seul* le droit de
requérir la vente publique de la marchandise avariée. C'est une protection contre
l'abus des expertises complaisantes, et la
précaution n'est pas inutile.

En fait et d'après les usages, l'assuré
peut requérir aussi et le tribunal ou le
consul ordonner la vente publique.

Le troisième paragraphe résout, de la
manière la plus simple, une question
qui avait donné lieu à beaucoup de contro-
verses.

Article 13

La somme souscrite par chaque assureur est la limite de ses engagements. Il ne peut jamais être tenu de rien payer au-delà.

Je ne vois pas d'observations à faire sur cet article.

Article 14

Toutes pertes et avaries à la charge des assureurs sont payées comptant, trente jours après la remise complète des pièces justificatives, au porteur de ces pièces et de la présente Police, sans qu'il soit besoin de procuration.

Cet article est la reproduction identique

de l'article 25 de la police sur corps. Il y a pourtant de grandes différences dans les situations et dans la nature des choses.

Ainsi que je l'ai expliqué, le propriétaire du navire est publiquement connu. Il l'est par l'acte de francisation quand on le requiert. Il l'est, notoirement, par le *veritas* ou les autres registres de classification qui sont les manuels des assureurs. L'assurance ne peut être faite que pour le compte du propriétaire et presque toujours elle est faite en son nom. De là les deux conséquences que nous avons vues. Le propriétaire ne change pas au cours de l'assurance, et la vente du navire fait cesser les risques. (Art. 28 de la police sur corps). Toutes primes échues et non échues, dues par l'assuré, se compensent avec les pertes. (Article 26). De là cette troisième conséquence que le porteur qui se présente pour toucher et donner quittance est présumé, s'il n'est pas le propriétaire, le mandataire du propriétaire, investi du mandat par la remise de la police et des pièces.

Quand il s'agit de marchandises, aucun acte public, non plus qu'aucun registre, ne constate quel en est le propriétaire. La propriété pourrait être litigieuse, et elle donne lieu en effet à de nombreux litiges, étrangers aux assureurs. La propriété change, et plusieurs fois, au cours de l'assurance sans lui préjudicier, par des ventes successives qu'accompagne la remise de la police ; ou bien, sans qu'il y ait vente, la marchandise est donnée en nantissement à un créancier, par le seul endos du connaissement. En outre, ainsi que nous allons le voir sous l'article 16, la prime du risque donnant lieu à réclamation est *seule*, si elle n'est pas payée, compensée avec l'indemnité due.

Les différences sont donc très considérables. Et cependant, c'est dans les mêmes termes que les deux formules disent que les pertes et avaries sont payées au porteur de la police et des pièces justificatives, sans qu'il soit besoin de procuration.

La différence sera dans les pièces justificatives à produire. En cas de délaissement, le porteur d'une police sur corps doit produire l'acte de délaissement signé non de lui, non de l'assuré contractant si celui-ci est autre que le propriétaire, mais du propriétaire désigné par l'acte de francisation, dont un extrait lui est réclamé. On voit combien il s'en faut que la police soit un titre au porteur dans le sens ordinairement attaché à ce mot. Le fait d'en être porteur est donc une simple présomption de mandat de toucher la somme, et c'est ainsi que le porteur est dispensé de fournir une procuration.

Le porteur d'une police sur marchandises, ne fût-il pas l'assuré contractant, peut signer lui-même l'acte de délaissement, *s'il l'accompagne du connaissement endossé*. La possession du connaissement et de la police est, pour les tiers, présomption des droits de propriétaire ou de créancier gagiste. Toutefois, le possesseur, signataire de l'acte de délaissement, peut, s'il ne réside pas au lieu du domicile des assureurs, remettre les documents à un correspondant qui alors touchera l'indemnité en qualité de porteur de la police, en qualité de mandataire présumé, dispensé de fournir une procuration, exactement comme le porteur de la police sur corps, et ici revient la similitude.

Les choses fonctionnent ainsi couramment, journellement, de temps immémorial, sans qu'on en éprouve aucun inconvénient. La fraude qui consisterait à toucher abusivement l'indemnité comme porteur

de la police semble possible. Je ne me
souviens pas d'en avoir connu un seul
exemple. La nécessité de rassembler les
pièces justificatives pour les réunir au titre
est la sauvegarde des véritables intéressés.
Elle les protège contre les surprises. L'u-
sage est même, pour les simples régle-
ments d'avaries et hors les cas de délaissement, de ne pas exiger la production du
connaissement. Les assureurs se contentent des constatations d'avaries et de l'ex-
hibition de la police.

Rien de ce qui précède ne préjuge les
questions de propriété ou de nantissement
qui en elles-mêmes pourraient être litigieuses. C'est aux intéressés à être diligents et à pratiquer des oppositions.
Naturellement les assureurs qui auront
reçu des oppositions s'abstiendront de
payer. Ils attendront que la justice ait sta-

tué sur le mérite des oppositions ou qu'il en soit donné main-levée.

La pratique française est aussi, lorsqu'un connaissement est exigé, que les assureurs se contentent d'un seul exemplaire endossé. Certains détenteurs ou liquidateurs de sauvetages ont eu la prétention d'exiger le faisceau complet des connaissements, les quatre exemplaires, s'il est exprimé que le titre est fait quadruple. Ce n'est pas seulement un excès de formalisme. J'estime que c'est une prétention absolument mal fondée en droit.

Pourquoi les connaissements sont-ils faits multiples, comme les lettres de change tirées des pays d'outre-mer ? Pour qu'un exemplaire puisse suppléer à la perte des autres. Lors de la confection du Code de commerce, les correspondances étaient si peu sûres ! Les navires qui les portaient étaient si souvent retardés par une longue relâche, ou perdus par naufrage, ou capturés ! Les lettres de voiture des voituriers n'ont jamais eu besoin d'être faites quadruples. Les connaissements, de même que les lettres de change tirées par première, deuxième, troisième, etc., exprimaient toujours la mention qu'un seul exemplaire accompli, les autres seraient de nulle valeur.

C'est encore un des points sur lesquels la facilité et la sûreté des communications actuelles ont dû changer bien des habitudes. Qui s'aviserait aujourd'hui de tirer des lettres de change de New-York sur Paris par troisième et quatrième ? Pour bien des navigations du petit cabotage, on élude aussi les prescriptions de l'article 282 du Code de commerce en substituant aux quatre originaux du connaissement des récépissés ou des sortes de lettres de voiture.

La grande navigation a gardé l'usage des quatre originaux et prétend se conformer rigoureusement à l'article 282. Combien cependant j'ai vu de connaissements qui n'étaient pas signés du chargeur, ni même du capitaine ?

Quoi qu'il en soit, le capitaine délivre toujours le chargement au porteur d'un seul exemplaire, et il en a toujours été ainsi. Le commerce ne serait pas possible s'il fallait attendre la réunion des quatre exemplaires, dont un, aux termes de l'article 282, reste à l'armateur du bâtiment. Or, comment un exemplaire unique, suffisant pour recevoir l'entier chargement, ne suffirait-il pas pour recueillir le produit de quelques épaves ?

La pratique des assureurs est donc à la fois sensée et conforme au droit. L'exigence du faisceau des connaissements est un excès de formalisme arbitraire et tyrannique. J'ajoute qu'il sera souvent matériellement impossible de fournir tous les exemplaires. Quelques-uns peuvent être perdus, déchirés ou brûlés. D'autres fois les détenteurs, les armateurs par exemple, pourront refuser de s'en dessaisir, et quel moyen aura-t-on de les contraindre ?

ARTICLE 15

Nonobstant toutes valeurs agréées, les assureurs peuvent, lors d'une réclamation de perte ou d'avaries, demander la justification des valeurs réelles et réduire, en cas d'exagération, la somme assurée au prix coûtant, augmenté de dix pour cent, à moins qu'ils n'aient expressément

agréé une surévaluation supérieure d'une quotité déterminée.

Le prix coûtant sera établi par les factures d'achat et, à défaut, par les prix courants, aux temps et lieux du chargement, le tout augmenté de tous les frais jusqu'à bord, des avances de fret non restituables, et de la prime d'assurance, mais sans intérêt.

Sauf pour un bien petit nombre de denrées, les assureurs sont absolument dans l'impuissance de contrôler la valeur des marchandises qu'on leur propose d'assurer. Ils sont obligés de s'en rapporter à la déclaration qui leur est faite. Cette valeur peut être démesurément exagérée : ils n'ont aucun moyen de le vérifier, sinon après un sinistre, et alors encore des assurés, opposant l'acceptation de la valeur agréée, se sont prétendus en droit de refuser la production de leurs factures. Il

18.

n'est cependant pas admissible que les assureurs soient tenus de garantir les choses en risque, sans l'avoir su ni voulu, pour le double ou le triple de ce qu'elles ont coûté. De là naissaient des discussions fréquentes et pénibles. Où commencera l'abus ou la fraude ? est-ce à une exagération de quinze, de vingt-cinq ou de quarante pour cent ?

L'usage a consacré comme légitime une surévaluation de dix pour cent. Il peut arriver que, la marchandise étant en hausse, il convienne de lui donner une évaluation supérieure. Si l'assureur l'agrée *sciemment*, il ne sera plus recevable à la critiquer. Autrement, il *pourra* la réduire au taux consacré par l'usage.

La loi du 12 août 1885 ayant compris le bénéfice espéré parmi les choses susceptibles d'être assurées, l'article 15 de la police échappe à toute censure des juriscon sultes. Sous le régime de l'article 347 du Code de Commerce, qui déclarait nulle l'assurance du profit espéré, on pouvait soutenir que la surélévation prévue par l'article 15 de la police était frappée de nullité. Tel n'a jamais été mon avis pour une évaluation qui ne dépasse pas la vraie valeur des choses d'après les cours de la marchandise. Désormais il n'y a même plus de controverse possible. En relisant avec soin l'article 15, je trouve qu'il n'y a rien à y changer par suite de la loi du 12 août 1885.

C'est une disposition qui correspond à une pensée très morale et me paraît mériter l'approbation de tout le commerce loyal. Il n'est inquiétant que pour les spéculations abusives. Les excitations de la concurrence amènent trop souvent les assureurs à y déroger, ce qui est regrettable.

Article 16

Si la prime du risque donnant lieu à réclamation n'est pas payée, elle sera compensée avec l'indemnité due, même dans le cas où la police aurait été transmise à un tiers porteur.

Les primes étant rarement, dans les usages français, payées comptant, il convenait d'avertir les cessionnaires successifs auxquels la police serait transmise avec le connaissement qu'en cas de sinistre, si la prime n'était pas payée, ils auraient à en subir la compensation. Il ne serait pas tolérable que les assureurs payassent une perte sans recevoir le prix du risque. Le cessionnaire de la police, à moins de s'être fait agréer par un avenant comme substitué au contractant, ne devient pas pour cela débiteur personnel de la prime. Seulement il en subit la compensation dans le règlement du sinistre. S'il veut échapper à l'éventualité de cette compensation, il n'a qu'à exiger, au moment de la remise de la police, la preuve du paiement de la prime.

Il ne s'agit ici, l'article le dit expressément, que de la prime *du risque* donnant lieu à réclamation. Si la police a changé de mains avec le connaissement, si le porteur n'est pas un mandataire, suivant la distinction que j'ai faite sous l'article 14, les assureurs n'auront pas le droit de lui opposer la compensation d'autres primes, mêmes échues et en souffrance, dues par l'assuré titulaire. A l'assuré titulaire lui-même, réclamant le montant d'un sinistre, ils ne pourront pas opposer la compensation des autres primes non échues. Chaque police, ou, en cas de police d'abonnement, chaque avenant, quand il y est exprimé que l'avenant tiendra lieu de police, est considéré comme un contrat à part.

Ainsi l'entendent invariablement les assureurs de Paris, et cela me semble commandé par les plus impérieux besoins du commerce, par les nécessités de la circulation des marchandises et de l'ouverture des crédits. Que vaudrait la garantie d'une police, si les porteurs étaient menacés d'en voir le bénéfice diminué ou détruit par la compensation de primes dues personnellement par l'assuré titulaire, pour d'autres affaires auxquelles ils seraient étrangers ? On n'oserait plus acheter la marchandise flottante. Un banquier n'oserait plus faire d'avances sur le connaissement et la police.

On ne l'a pas toujours entendu ainsi,

sur d'autres places maritimes de France.
A Marseille, les assureurs considéraient le
terme de paiement des primes comme une
simple tolérance. Pour eux, les primes
étaient toujours réputées payées comptant.
Si en fait elles n'étaient pas payées, ils
voulaient se réserver de les compenser
avec toutes pertes qu'ils auraient à rembourser sur des polices souscrites au nom
des mêmes assurés, ceux-ci fussent-ils
tombés en faillite.

Les assureurs de Marseille se sont longtemps efforcés de maintenir à cet égard
leurs usages, que les nécessités du crédit
et la concurrence les ont finalement obligés
d'abandonner.

Article 17

**En cas de faillite ou de suspension
notoire de paiement de l'assuré, ou en**

cas de non-paiement d'une prime échue, les assureurs, après sommation restée infructueuse faite au domicile de l'assuré d'avoir à payer ou fournir caution valable, dans les vingt-quatre heures, peuvent annuler par une simple notification, même par une lettre recommandée à la poste, à partir des dernières nouvelles, toute assurance en cours désignée dans la notification, ainsi que toute police d'abonnement souscrite au nom de l'assuré, les assureurs renonçant à la prime du risque en cours et à toutes applications ultérieures.

L'assuré résidant hors de France qui aura traité par l'entremise d'un courtier français est présumé avoir élu domicile chez le courtier.

En cas de faillite ou suspension notoire de paiements de l'assureur,

l'assuré a la réciprocité des mêmes droits.

Les dispositions du premier paragraphe ne sont pas applicables aux tiers de bonne foi, porteurs du connaissement et de la police ou de l'avenant d'application.

La rédaction qui précède est nouvelle. Lors des congrès qui ont abouti à l'élaboration des deux polices françaises, il y avait eu quelque lassitude, et partant de la précipitation, dans la discussion des derniers articles de la police sur marchandises. On avait adopté sans réflexion suffisante un article 17 que critiquait la première édition de mon Commentaire.

Les traversées sont si courtes que le formalisme, soit de l'article 346 du Code de commerce, soit de l'ancien article 17 de la police française, ne correspond plus aux besoins commerciaux. Avant qu'un tribunal ait statué sur une demande de caution, le navire sera certainement arrivé ou perdu. En outre, on n'avait pas pensé aux polices d'abonnement, devenues d'un usage si journalier.

Il est intolérable que les assureurs courent des risques sans aucune sûreté du paiement de la prime, et il est intolérable qu'ils demeurent liés par des polices d'abonnement vis-à-vis d'assurés en état de faillite ou de suspension de paiements. Les assurances étant conservatoires de l'actif, c'est aux syndics, aux liquidateurs ou aux créanciers les plus diligents qu'il appartient de se hâter d'aviser, en payant ou donnant caution pour les primes déjà réglées sur des risques en cours, en donnant caution aussi pour le maintien des polices d'abonnement. A défaut, les assureurs doivent pouvoir se dégager des risques et il n'y a rien au monde de plus juste.

L'urgence est toujours extrême. Un délai de vingt-quatre heures n'est pas trop court. Il est d'ailleurs à remarquer qu'en fait il sera bien rare, ou plutôt sans exemple, que les assureurs soient tellement diligents qu'ils aient signifié la sommation le jour même où aura éclaté l'insolvabilité. On aura plus ou moins longtemps tardé, négligé, insisté ou parlementé, et il se sera écoulé un laps de temps pendant lequel les assureurs auront été dans la situation fausse d'être engagés vis-à-vis d'un contractant insolvable ou d'une solvabilité douteuse. Il n'y a rien d'excessif à ce qu'ils puissent se dégager par une simple notification recommandée à la poste, vingt-quatre heures après la sommation.

Il convient de prévoir l'hypothèse où l'assuré, ou des intéressés en son nom, auraient offert une caution que n'agréeraient pas les assureurs, ne la jugeant pas valable. Je ne puis pas empêcher que ceci ne devienne un litige soumis aux tribunaux. Mais le débat sera très circonscrit et ne portera que sur la valeur de la caution offerte. Ce sera excessivement rare. Il ne se présume pas que les assureurs refuseront capricieusement d'agréer une caution sérieuse. Encore faut-il qu'elle soit sérieuse. Il n'est pas admissible que l'insolvable obtempère à la sommation en offrant la garantie d'un autre insolvable.

Beaucoup d'assurances sont faites de nos jours au nom de négociants étrangers, le plus souvent par l'entreprise d'un courtier français, lequel est un officier ministériel. Dans ce cas, il est à propos que les sommations et notifications puissent se faire au domicile du courtier, qui est bien un domicile élu par l'assuré étranger. S'il n'y avait pas de courtier, l'affaire s'était traitée par correspondance, les sommations et notifications devraient être faites au domicile de l'étranger.

Enfin il est juste que la réciprocité des mêmes droits soit attribuée aux assurés, en cas de faillite ou suspension de paiements des assureurs. Il importe peut-être plus encore aux assurés de procéder avec célérité, et de ne pas rester engagés vis-à-vis d'assureurs insolvables.

L'article 17, si le dernier paragraphe n'avait pourvu à cet inconvénient, aurait inquiété les porteurs de bonne foi d'une police ou d'un avenant menacés d'une notification de nullité, parce que l'assuré débiteur de la prime, qui souvent leur est inconnu, serait devenu insolvable. Le dernier paragraphe supprime cette menace et rassure entièrement les cessionnaires de la police.

ARTICLE 18

.

Les assurés et les assureurs sont toujours présumés avoir reçu connaissance immédiate des nouvelles concernant les choses assurées, qui sont parvenues au lieu où ils se trouvent respectivement. En conséquence, toute assurance faite après la perte ou l'arrivée des choses assurées est nulle s'il est établi que la nouvelle de la perte ou de l arrivée était parvenue, soit au lieu où se trouvait l'assuré, avant l'ordre d'assurance donné, soit sur la place du domicile de l'assureur, avant la signature de la police. Cette présomption est substituée à celle de la lieue et demie par heure, et il est

dérogé à l'article 366 du Code de Commerce.

Même alors qu'il est stipulé que l'assurance est faite sur bonnes et mauvaises nouvelles conformément à l'article 367 dudit Code, la notoriété résultant d'une publication dans un journal avant la signature du contrat tient lieu de preuve.

La présomption de la lieue et demie par heure, empruntée à l'ordonnance de Colbert par l'article 306 du Code de commerce, et qu'aucune loi n'a rapportée, est, dans une législation encore debout, une ruine assez curieuse, et un vrai monument d'archéologie. Elle rappelle ce que pouvait être, au temps de nos pères, la célérité d'un porteur de mauvaises nouvelles, sur terre et sur mer.

Les bateaux à vapeur et les chemins de fer avaient déjà plus qu'ébranlé cette présomption avant que la télégraphie achevât de la ruiner. La commission de 1865 qui préparait la révision du livre II du Code de Commerce lui substituait la disposition suivante : Toute assurance faite après la perte ou l'arrivée des choses assurées est nulle, s'il est prouvé que la nouvelle de la perte ou celle de l'arrivée *est parvenue*, soit au lieu où se trouvait l'assuré, avant qu'il eût donné l'ordre d'assurance, soit au lieu où a été signé le contrat, avant la signature. (Art. 370 du projet.)

L'article 18 de la police est le développement de la même pensée, qui est l'idée juste. La nouvelle d'un sinistre, arrivant sur une place commerciale, se répand avec une extrême rapidité parmi les négociants et assureurs. Elle ne peut être tenue secrète que par ceux qui auraient intérêt à la cacher. Il n'est pas admissible qu'elle

demeure ignorée *précisément* du négociant
non assuré qu'elle intéresse le plus. Il est
trop tard pour donner des ordres d'assurances sur un navire dont la perte est
connue. Quant à la nouvelle de l'arrivée,
elle acquiert sans doute une bien moindre
et moins rapide publicité. Il n'est pas
admissible cependant qu'on puisse assurer
au Havre un navire entré la veille dans les
bassins, ni assurer à Paris un navire dont
les journaux maritimes, reçus dans les
bureaux de l'assureur et dépouillés par
ses employés, auront annoncé l'arrivée.
Malgré la bonne foi incontestable des deux
parties, un tel contrat est tardif et doit
être annulé comme le résultat d'une erreur.

Si les assurances n'étaient jamais ordonnées que par les destinataires ou les expé-
diteurs qui ont préparé l'opération, et si
les polices devaient toujours rester entre
leurs mains, je serais d'avis que la pré-

somption de l'article 18 fût expressément
maintenue et que les assureurs s'interdis-
sent la dangereuse pratique des assurances
sur bonnes et mauvaises nouvelles. Les
négociants ont eu tout le loisir de pourvoir
en temps utile à leurs assurances ; ils ont la
ressource des polices d'abonnement. S'ils
se laissent devancer par l'avis d'un sinistre,
ils n'ont à s'en prendre qu'à leur négligence
ou à leur témérité.

Mais les polices circulent et changent de
mains avec les connaissements. Les acheteurs des marchandises flottantes, les banquiers qui font des avances ne s'inquiéteront-
ils pas de recevoir un titre qui pourrait
avoir un vice caché ?

Accueillant, trop légèrement je crois,
cette pensée qu'il y avait là des besoins à
satisfaire, les rédacteurs de la police avaient
réservé, par le second paragraphe de l'article 18, la faculté de la stipulation de

l'assurance sur bonnes et mauvaises nouvelles, laquelle, aux termes de l'article 367 du Code de Commerce, n'est annulée que sur *la preuve* que l'assuré savait la perte, ou l'assureur l'arrivée.

Aussitôt, ce qui était présenté comme une exception devenait la règle invariable. Toutes les assurances étaient contractées sur bonnes et mauvaises nouvelles. Il ne restait rien des sages précautions de l'article 18.

Dans la première édition de mon Commentaire, j'exprimais cependant l'opinion qu'il y a certaines notoriétés qui peuvent équivaloir à la preuve. Il me serait difficile, disais-je, de trouver sérieuse une assurance qui serait souscrite au Havre sur un navire dont les journaux du Havre auraient annoncé la veille la perte ou l'arrivée. Exiger en pareil cas la preuve négative que les assurés ou les assureurs n'auraient pas lu les journaux serait vraiment manquer de bon sens.

En révisant la police, les assureurs ont résolu d'y introduire cette présomption de la notoriété par la publicité des journaux. Ils ont eu, à mon avis, grandement raison. Je répète que les négociants attardés qui se laissent devancer par l'annonce d'une perte n'ont aujourd'hui à s'en prendre qu'à eux-mêmes.

Si j'y réfléchis, la considération qui avait touché les premiers rédacteurs de l'article 18 a d'ailleurs beaucoup moins de gravité qu'il ne leur avait semblé. Les acheteurs de marchandises flottantes, les banquiers faisant des avances n'ont qu'à vérifier si la police qui leur est cédée n'est pas d'une date suspecte ; si la date est suspecte, ils refuseront de traiter et ils agiront sagement. Ce ne sera peut-être pas la seule chose suspecte. Chaque profession court ses risques et a ses dangers. Le risque de l'acheteur d'un connaissement ou du prêteur qui l'accepte en garantie d'avances est que le connaissement lui-même soit faux. On a de trop nombreux exemples d'opérations frauduleuses masquées par de faux connaissements. Les fauteurs de ces entreprises criminelles ont l'habitude de demander des avances à des maisons honorables derrière lesquelles ils s'abritent; si la fraude se découvre, l'assurance la plus irréprochable ne protégera pas les prêteurs, qui perdront leurs avances. La jurisprudence à cet égard est bien fixée. Il en sera de même pour les acheteurs d'un chargement fictif.

Acheteurs ou prêteurs qui acceptent la garantie d'une police d'assurance quelconque jointe à un connaissement courent d'autres risques, celui de l'insolvabilité des assureurs, celui des vices de la police, qui pourrait être primée par une assurance antérieure, celui des litiges à l'étranger, etc. J'ajoute que les connaissements étant faits multiples et au moins, selon la loi, quadruples, il n'est pas impossible qu'un chargeur de mauvaise foi obtienne deux fois du crédit au moyen de deux exemplaires d'un connaissement même sincère, ce qui sera une autre fraude au préjudice des prêteurs. A tout cela les assureurs ne peuvent rien. Ils se protègent, selon ce qu'est leur profession, contre les assurances frauduleuses. C'est aux acheteurs et prêteurs à se protéger, selon ce qu'est la leur, contre les documents frauduleux, en y regardant de près à l'honorabilité de leurs cédants, à la date et au contexte des documents. Une assurance tardive est toujours suspecte par cela seul et motif de défiance. Si la défiance empêche la négociation, ce sera un bien. Certainement ce serait un

désordre intolérable qu'une assurance pût
être faite après qu'un journal aurait annoncé
la perte du navire. Il y a gros à parier, il
se présume que l'assuré en sait plus que
l'assureur.

On dira peut-être qu'il reste peu de différence entre les deux paragraphes de l'article 18. Il est à remarquer cependant que
d'après le premier, une correspondance
privée, une dépêche parvenue sur la place
à un tiers suffit à l'annulation de l'assurance. Dans une grande ville comme Paris
où des inconnus ne se communiquent pas
leurs correspondances, je consens que cela
puisse être trouvé un peu rigoureux. L'assuré peut vraiment ignorer la nouvelle. Il
faut plus, aux termes du second paragraphe. Il faut *la notoriété* résultant d'une
publication dans un journal. On conti-
nuera donc sans doute de proposer les assurances sur bonnes et mauvaises nouvelles.

Enfin, on peut poser la question de savoir s'il faudra que le journal ait été publié ou au moins reçu sur le lieu de la signature du contrat. La rédaction du paragraphe exclut cette interprétation complaisante. Les traîtrises du télégraphe sont aujourd'hui trop faciles. Suivant le texte du paragraphe il suffira donc qu'un journal ait annoncé la perte en un lieu quelconque pour que toute assurance soit désormais impossible ou nulle. Encore une fois, ce n'est à redouter que par la fraude, la négligence ou la témérité, puisqu'il est devenu si facile, au moyen des polices d'abonnement ou au moyen d'une dépêche, de pourvoir aux assurances en temps utile.

ARTICLE 19

Tous droits réciproquement réservés, l'assuré doit, et l'assureur peut, dans les cas de sinistres, veiller ou procéder au sauvetage des objets assurés, prendre ou requérir toutes mesures conservatoires, sans qu'on puisse lui opposer d'avoir fait acte de propriété.

L'assureur peut, notamment en cas de perte ou d'innavigabilité du navire, pourvoir lui-même à la réexpédition des marchandises à leur destination. L'assuré doit lui fournir, s'il en est requis, tous documents utiles en son pouvoir, pour aider à l'exécution des mesures conservatoires.

L'assuré est responsable de sa négligence à prévenir les assureurs ou leurs agents, ou à prendre lui-même les mesures de conservation, ainsi que des obstacles qu'il apporterait à l'action des assureurs.

Je ne pourrais que répéter ici ce que j'ai dit sous l'article 3o de la police française sur corps. Ces dispositions sont parfaitement équitables et me paraissent mériter une approbation générale.

ARTICLE 20

Les taxes, timbre et coût de police sont à la charge de l'assuré.

Il n'y a rien de plus à dire de cet article que ce que j'ai dit de l'article identique, nᵒ 3i, de la police sur corps.

Article 21

Si plus de moitié de la valeur des marchandises est assurée sur un même lieu, l'assuré peut assigner devant le tribunal de ce lieu, déjà saisi d'un litige, les autres assureurs pour faire juger à leur égard le même litige.

Hors le cas ci-dessus, les assureurs ne peuvent être assignés que devant le Tribunal de Commerce du lieu où le contrat a été souscrit, l'assuré y faisant élection de domicile, ou, au choix de l'assuré, si le contrat a été souscrit par un agent ou mandataire, devant le Tribunal de Commerce du siège de la Compagnie ou du domicile de l'assureur.

Il est dérogé aux dispositions du Code de procédure civile qui seraient contraires à celles du présent article.

Je ne puis que me référer aux observations que j'ai présentées sous l'article 32 de la police sur corps. Je reconnaîtrai qu'en fait le besoin de cet article se faisait moins sentir, les assureurs *de marchandises* n'ayant pas eu à se plaindre de la même manœuvre et ayant été très rarement distraits de leurs juges naturels. Mais il n'y avait aucune raison de ne pas introduire la même disposition dans la police sur marchandises.

FIN

TABLE

—

POLICE FRANÇAISE D'ASSURANCE MARITIME

SUR MARCHANDISES

TONNERRE. — IMPRIMERIE BAILLY